Kontinentpfade

Umschlag vorn:
© PantherMedia / Sergii Kolesnyk

Die Deutsche Nationalbibliothek verzeichnet diese Publikation in der Deutschen Nationalbibliografie; detaillierte Daten sind im Internet über https://portal.dnb.de/ abrufbar.

© 2020 Hentrich & Hentrich Verlag Berlin Leipzig
Inh. Dr. Nora Pester
Haus des Buches
Gerichtsweg 28
04103 Leipzig
info@hentrichhentrich.de
http://www.hentrichhentrich.de

Lektorat: Philipp Hartmann
Umschlag und Satz: Barbara Nicol
Druck: Winterwork, Borsdorf

1. Auflage 2020
Alle Rechte vorbehalten
Printed in Germany
ISBN 978-3-95565-346-0

Gernot Wolfram

Kontinentpfade

Eine kurze Anleitung,
Europa lieben zu lernen

HENTRICH &HENTRICH

Inhalt

Der Ort, an dem wir recht haben,
ist zertrampelt und hart
wie ein Hof.

Zweifel und Liebe aber
lockern die Welt auf
wie ein Maulwurf, wie ein Pflug.
Und ein Flüstern wird hörbar
an dem Ort, wo das Haus stand,
das zerstört wurde.

Jehuda Amichai

Und wie schaut man zurück. Indem man nach vorn schaut.
Und was sehen sie.
Wie sie nach vorn schauen.

Gertrude Stein

Schlaflos im Paradies

Einmal, als ich dieses Buch begann, lag ich an einem Ort in vollkommener Stille. Draußen im Garten befanden sich Palmen; es war heiß und schwül. Eine Nacht am Rande des Kontinents, in einem kleinen Dorf auf dem Peloponnes. Die flachen Mauern der alten Steinhäuser und ihre schrägen rötlichen Dächer in Sichtweite, darunter steil abstürzende, mit Bäumen bewachsene Hänge. Jemand hatte mir gesagt, wie könnte ich in diesem Sommer dorthin fahren, wo an den Küsten des Mittelmeeres immer wieder Menschen, manche tot, manche lebendig mit brüchigen Booten antrieben, Menschen, die über die Meeresgrenze nach Europa zu kommen versuchten. Es sei eine Zone des Grauens.

Wochen anstrengender Arbeit lagen hinter mir und ich hatte gehofft, endlich ein paar Tage Ruhe zu finden. Ich war schlaflos. Nicht bedrängt von Ängsten oder innerer Unruhe, nur wissend: Es wird kein Schlaf kommen in den nächsten Stunden. Ich trat auf den Balkon und sah in die Messenische Bucht, die sich von hier aus in einer breiten Ausdehnung zur See hin öffnet.

Kaum Wolken am Himmel. Keine Schiffe, keine Bewegung da draußen. Und ich war froh, dass ich all den Gesprächen über Politik und Tod sowie anderen Ereignissen für ein paar Tage entwichen war. Ohne schlechtes Gewissen haderte ich mit der sehr banalen Frage, wie ich Schlaf finden konnte. Ich staunte, dass er nicht kam. War nicht jetzt die Zeit zum Innehalten? Zur Ruhe kommen, nichts denken, abwarten, schlafen. Ich dachte an die vielen Häuser dieser Küste, die in den letzten Jahren nur dafür gebaut wurden, dass Menschen wie ich, aus der Mitte des Kontinents kommend, hier ausruhen können. Die großen Fenster zur

Meeresseite, wenige Möbel im Raum. Glatte, glänzende Steinböden. Wie ein Wächter der obligatorische weiße Kasten der Klimaanlage an der Wand. Bestens gerüstet zudem das Netz für die auf dem Bett und dem Tisch verteilten elektronischen Geräte, um angeschlossen zu bleiben an den Strom des Geschehens im fernen Zuhause; aber unten, in den Gärten und Abhängen das Dickicht, die großen Farnblätter, die mit Blumen gefüllten Tonkrüge, die stark duftenden Blüten des Südens und die Geräusche der unzähligen, ihre Beinen aneinander reibenden Insekten.

Als Kind in der Stadt am Rande der deutsch-polnischen Grenze waren diese Orte magische Sehnsuchtsplätze für mich gewesen. Mit allem denkbaren Unverständnis für das wirkliche Leben, für die Sprache, die Gebräuche der Menschen, die sich in der Jetztzeit in Griechenland ihr Leben einrichten müssen, war ich später als junger Erwachsener hierhergekommen.

In der Erinnerung dieser ersten Reisen war da ein Gefühl des Ankommens, des Wirklichwerdens der eigenen Wünsche und Gedanken. Je mehr ich in die lokale Sprache eintauchte, hinsah und nicht nur hinlebte, verstand ich, dass diese Orte nur eine andere Seite des Randes waren, von dem ich kam, eine andere klimatische Sphäre, insgeheim aber vertrautes Gelände eines kontinentalen Gebietes, mit dessen Geschichten, Mythen und Grausamkeiten ich aufgewachsen war. Ich hatte gelernt, dem Kontinent zu misstrauen. Seiner dunklen Geschichte, seiner Eroberungslust, seiner fortgesetzten Brutalität. Zugleich gab es da dieses Gefühl einer Nähe, für die ich keine richtigen Namen finden konnte und zu der ich auch kein Zutrauen besaß. Es gab das Sichtbare und das Unsichtbare.

Jetzt, in diesem Zimmer, war etwas anders: All die Auswege der ironischen Zurückweisung, des Abstands, all die

Traveller-Gelassenheiten, die antrainierte Sprachmächtig-keit und die ineinander übergehenden Bilder von Flug-häfen, Hotels, Auftritten, Gesprächen und die sich selbst schmeichelnden Empathien für das Andere, schmolzen ein auf den einfachen Wunsch: schlafen zu können.

Ich ging raus auf den Balkon, setzte mich auf einen Stuhl und wartete auf die Müdigkeit. Das Bewusstsein, dass man, Orte wechselnd, Geduld braucht, um seinen Rhythmus zu finden, half kaum weiter. Ich dachte an die Sitzenden, die ich in den letzten Jahren in Indien, in Uganda, an so vielen bewachten Grenzen der Welt, aber auch auf den U-Bahnhöfen in dem von mir noch immer ohne jeden Verstand geliebten Berlin gesehen hatte.

Diese Mischung aus Selbstvertrauen, Müdigkeit, Zeit-haben und Zeitverschwendenmüssen hatte mich immer erschreckt und fasziniert. Hättest du nicht auch so ein Sitzender werden können?

An den laut lachenden Kellner in dem Hotel in Kam-pala in Uganda dachte ich, der auf seinem Stuhl hinter der leeren Hotel-Bar hockte und mit den Fingern auf die Anrichte klopfte. Bis spät in die Nacht hatten wir uns unterhalten. Am nächsten Morgen sah ich ihn wieder, diesmal in der Rolle des Rezeptionisten, der die Anfragen der Gäste entgegennahm. Bis er sich am Abend abermals in den munteren Kellner hinter der nun mit grellgelben Lichtern aufgehellten Bar verwandelte. Ohne dass man ihm seinen Schlafmangel anmerkte, sprach er mit seinem lauten Lachen von seiner Familie in den Slums und dem Hotelbesitzer, der ihn schlecht bezahlte.

Als ich am nächsten Morgen in dem griechischen Haus frühstückte, dachte ich an das Reisebuch, das ich plante, zu schreiben. Ein Buch, das sich auf die Suche nach dem Schwer-Auffindbaren (zudem: Kaum-Noch-Hörbaren) begab, auf die Spuren außergewöhnlicher Orte und Menschen. Das ohne Grenzen auskam. Obwohl es sich innerhalb von Grenzen bewegte. Wahrscheinlich ging das nicht. Also nahm ich mir vor, damit zu beginnen: Ein Buch, das wie eine eigenwillige Karte war, auf welcher der Leser hin und her springen konnte, ein Spinnennetz, das wispert: Füg deinen eigenen Faden ein. Eine kurze Anleitung, sich selbst auf der Karte des Kontinents einzutragen. (Einen Kompass zu haben, wäre das eigentliche Ziel, wenn es einen solchen in diesem Gelände geben würde, geben könnte. Die Nadel richtet sich in der Suche immer wieder neu aus, folgt den Kräften des aufmerksamen Sehens.)

Später an diesem Tag, gestärkt von einem kurzen, aber kräftigen Schlaf in den Morgenstunden, der endlich doch noch gekommen war, fuhr ich hinauf in die alten Dörfer an den Westhängen des Tayetos-Gebirges. Hinter einer Straßenbiegung führt der Weg zu der abgelegenen Kirche in Kato Hora.

Auf einem windigen Felsvorsprung, einem aufragenden Schiffsbug ähnlich, liegt die verfallene Kirche Agios Nikolaos. Drinnen ein verblassender Fries in tonartigen Farben. Byzantinische Heilige sehen dich mit ihren langen, asketisch hageren Gesichtern an. Spinnweben in den Seitennischen. Fledermäuse, die sich im Kreis bis zur morschen Kuppel hinaufdrehen; Lichter, die als Blitzsträhnen durch die Mauerritzen schießen. In der Ferne erhebt sich als blaue Dunstlinie das Meer und es zeigen sich die ins Wasser ragenden Gebirgshänge des Tayetos. Ich schoss einige Bilder mit meiner Kamera und löschte sie wieder. Nichts, was ich gesehen hatte, war darauf eingefangen.

In den kleinen Heften, die sie hier in den Hotels für Touristen auslegen, wird erzählt, dass im Schatten der Kirche in Kato Hora in den achtziger Jahren des 20. Jahrhunderts der englische Schriftsteller Bruce Chatwin zuweilen mit Freunden gepicknickt habe. Nach seinem Tod sei sein Wunsch erfüllt worden, die Reste seiner Asche auf dem Gelände rund um das Mauerwerk zu verstreuen.

Nicht weit von hier, in einem stillen Haus, das noch näher an der Küste liegt, schrieb er sein Buch *Songlines* über die Traumpfade Australiens, entlang derer sich angeblich die australischen Ureinwohner, die Aborigines, anhand innerer Landkarten die Wege auf dem Kontinent erschlossen, sich gegenseitig über weite Entfernungen hinweg riefen und miteinander verständigten.

Ich erinnere mich, das Buch lesend, bis zum Ende nicht begriffen zu haben, wie die Songlines beschaffen waren und ob der Schriftsteller selbst verstanden hatte, ob er einem Mythos oder etwas rational Unbegreiflichem angehangen hatte. Zudem hatte er offensichtlich nicht mit vielen Ureinwohnern über dieses Thema gesprochen. Nur das Wort Songlines konnte ich nicht vergessen. Die Idee von Wegen, auf denen Menschen sich in Zeit und Raum finden können, ohne sich auf klassische Weise zu verabreden.

Die Türe der Kirche hinter mir wieder schließend, fragte ich mich, ob es solche Songlines auch auf dem europäischen Kontinent gab. Linien, Wege, Spuren außerhalb des offiziellen Europas, bei deren Nennung man einander erkennt. Nicht der Europäer den anderen Europäer. Sondern vielmehr der Suchende den anderen Suchenden. Der Einheimische den Fremden. Wege, die nichts mit Herkunft und Mythen zu tun haben, sondern mit Nähe, Erkennen und innerer Verwandtschaft.

Waren das nicht auch Traumpfade auf dem europäischen Kontinent: Die Gegenwege, die Orte außerhalb der Touristenhefte, außerhalb der Empfehlungen und gesicherten Kostbarkeiten? Keine obskuren Verstecke, sondern Pfade des Lesens. Die Abfolge von Schritten, die andere bereits gegangen waren; vielleicht ein Vor-Gehen von Menschen, die man bewundert. Eine Landkarte der mutigen Einzelgänger, jener Frauen und Männer, die keine kräftigen Spuren hinterlassen haben. Oder war die Geschichte des Kontinents so erfüllt mit Grausamkeiten, das sich nichts mehr finden ließ, was eine solche Suche rechtfertigte?

Später fuhr ich in das Dorf Thalames, etwas weiter oben in den Bergen, auf der Küstenstraße in Richtung Kap Tenaro, der Südspitze des Peloponnes, wo man im alten Griechenland den Eingang zur Unterwelt vermutete.

In Thalames aß ich ein spätes Mittagessen in der von großen Bäumen beschatteten Taverne, neben der sich ein leerer Brunnenschacht befindet. Ich fühlte mich im Tag angekommen, endlich losgelöst von den unguten Stunden in der Nacht.

Einst soll sich hier eine heilige Quelle befunden haben. Später wurde der von zwei Zisternenbögen umhüllte Schacht das „Judenbad" genannt. Mir fiel das Gedicht Paul Celans ein, das von den „glühenden Leerstellen" der Erinnerung spricht. In der flirrenden Hitze des Nachmittags, in das leere Quellenhaus blickend, auf die nach unten führenden Stufen mit den Lichtflecken, bekamen diese Worte eine andere Farbe. Von dieser Leere aus konnte man vielleicht losgehen.

Beim Bezahlen der Rechnung lachte die Besitzerin der Taverne, als ich sie nach der Geschichte des Brunnens fragte.

Steht alles hinten in der Speisekarte, sagte sie.

Sodann folgte der in der Gegend übliche Blick, der in etwa bedeutet: Die letzten hundert Jahre waren ohnehin ein Grausen und alles, was dahinter liegt, ist nur da für die Touristen.

Auf einer Anrichte mit alten Geräten der örtlichen Bauern stand in der Taverne noch immer ein von der Wehrmacht zurückgelassener Benzinkanister, der das Jahr 1940 in unvermindert deutlicher Schrift vermeldete. Zwischen Töpfen und Kannen bildete er eine Art pittoresken Schmuck. Nichts gab es hier, was man noch entdecken konnte. Was es zu finden gab, musste auf andere Weise zu sprechen beginnen. So begann die Reise an diesem Ort, bei den zwei leeren offenen Brunnenfenstern unter den Bäumen in Thalames, mit dem Blick in die lichtbesprenkelte Öffnung hinein.

Zurückfallen

Der Bildschirm über dem Sitz zeigt an: Wir überfliegen Kroatien. Ich kehre mit dem Flugzeug nach Deutschland zurück. Deutlich stelle ich mir die verzweigten Bahnlinien unten auf der Erde vor, die in mir so viel mehr Erinnerung erzeugen als die zahllosen Flüge der letzten Jahre.

An mein Reisebuch denkend, fällt mir ein, dass ich dort unten einmal die Strecke mit dem Zug in die Stadt Osijek gefahren bin, zu einer Gruppe von Kindern, deren Gesichter ich vergessen habe, aber nicht ihre Bewegungen in der Schule, in der sie sich aufhielten.

Ich hatte damals eine Arbeit an einer deutschen Hochschule angenommen, in der einige Seminare auf Englisch unterrichtet werden mussten. Nie zuvor hatte ich in dieser Sprache unterrichtet. Ich fühlte mich unsicher und spürte nach den ersten Stunden, dass vor mir junge Menschen saßen, die in Seattle, New York oder in irgendeiner amerikanischen Provinzstadt ihr Austauschjahr verbracht hatten und das Englische so sprachen, als wären sie mit dem mühelos dahinfließenden Sound aufgewachsen.

Zu dieser Zeit lernte ich eine junge Amerikanerin kennen, Marthi. Sie wollte ihr Deutsch verbessern und glaubte daran, dass das Gleiche innerhalb kurzer Zeit mit meinem damals kurzatmigen Englisch geschehen konnte. Wir beschlossen, gemeinsam eine Reise zu einem Schulprojekt in Kroatien zu unternehmen, in das sie eingebunden war. Während der Reise wollten wir einmal Deutsch, einmal Englisch sprechen, ohne Zwang und festgelegte Zeiten, einfach unseren Fähigkeiten folgend.

Marthi war nach Deutschland gekommen, um von hier aus Europa zu bereisen und sich für Hilfsprojekte zu engagieren. Sie arbeitete für eine Organisation, die sich um Kriegskinder in den Ländern des ehemaligen Jugoslawiens kümmerte. In der kroatischen Stadt Osijek, die in den frühen neunziger Jahren des 20. Jahrhunderts eine grausame Schlacht erlebt hatte, sollte sie während des Sommers mit Kindern eine Wandzeitung erstellen, in welcher die Kinder über ihr jetziges Leben erzählten. Es erschien mir als ein Geschenk, diese Reise gemeinsam mit ihr zu unternehmen. Jenes unbedingte Zutrauen Marthis in das Schulprojekt und ihr gut organisiertes Verbundensein mit Menschen in mir bis dahin unbekannten Städten beeindruckten mich. Marthi fuhr nicht einfach irgendwohin; sie war der festen Überzeugung, als Amerikanerin Hilfe anbieten zu können in einem von Kriegsschäden belasteten Gebiet, im Umgang mit Kindern, welche den Schrecken der einstigen Kämpfe nur noch aus den Erzählungen der Eltern kannten und mit ihm lebten, als sei er ein pulsierender Teil der Familiengeschichte.

Wir sahen Prag nur kurz, verbrachten eine Nacht in Budapest, dann gerieten wir auf die langen Bahnstrecken im

Süden Ungarns, in die Welt der südöstlichen Bahnhöfe und ihrer vielen verfallenen und stillgelegten Bahnstationen.

In der Erinnerung erblicke ich vor dem Abteilfenster gelbgrüne Hügel, Container, Autowracks und zusammensinkende Häuser, die damals noch für den ungeübten Blick etwas Typisches dieser Landstriche zu sein schienen. Fenster wurden von Passagieren heruntergedrückt, so dass der Wind die scheinbar niemals gewaschenen Vorhänge in den Abteilen wie Fahnen flattern ließ, samt den leisen Klackergeräuschen in den Halterungen. An den Bahnhöfen schoben sich Reklamen auf riesigen Wänden in die Höhe. Das Stationspersonal trug Uniformen, die wohl schon in der kommunistischen Zeit getragen worden waren. Goldene Räder mit Hermesflügeln an der Mütze.

Mit dem Nachtzug kamen wir bis Osijek. Zeitweise nur Englisch zu sprechen, dann jeden Tag andere Sprachen hörend, gerufen, gebrüllt, geflüstert, auf Gängen und Bahnsteigen ausgetauscht, erzeugte in mir das Gefühl einer sonderbaren Aufregung. (Diese Sprachklänge, zu denen einem kaum einmal eine Wortverwandtschaft auffiel, waren die eigentliche Unterbrechung des Gewohnten. Dass sich andere verstehen, du sie aber nicht verstehst, während sie fast amüsiert auf deine Unsicherheit schauen, ist das Eintauchen in die Wirklichkeit der Sprache. Das Selbstverständliche legt seine Hüllen ab und du stehst vor einem vollkommenen Anfang.)

Marthi hatte mit mir vereinbart, dass ich sie am Spätnachmittag von der Schule abholen sollte, in der sie mit den Kindern an der Zeitung arbeitete. Tagsüber lief ich durch die Stadt und sah an vielen Häusern die kleinen schwarzen Einschusslöcher aus der Zeit des Krieges. Ich wagte nicht, diese Löcher zu fotografieren, weil mir das wie eine obszöne Aneignung vorgekommen wäre. Heute könnte ich in mir das Aussehen der Stadt nicht mehr wachrufen, nur die von Rauchspuren gezeichneten Häuserwände und das vereinzelt stehende Mauerwerk mit den dunkelrandigen Löchern sind mir als Bild geblieben.

Die Schule war ein einfaches Gebäude. In den Klassenzimmern hingen die üblichen Zeichnungen. Es lagen weiße Kreidestifte auf dem Tisch des Lehrers. Die Kinder hatten ihre Arbeit beendet, liefen herum, redeten auf Marthi mit Händen und Füßen ein, während die Dolmetscher Kaffee tranken. Eine der Dolmetscherinnen erzählte mir, wie wichtig es für die Kinder sei, an solchen Projekten teilzunehmen. Sie sagte, mit einer kleinen unsicheren Pause, dass sich auch serbische Kinder unter den Teilnehmern befänden. Dann fügte sie hinzu: Solche Stunden sind für die Kinder kostbar. Zuhause würden sie von den Eltern häufig noch den alten Hass hören.

Der alte Hass. Ich versuchte mir vorzustellen, was sie damit meinte. Wie sah ein alter Hass aus? Konnte Hass überhaupt altern? Einige der älteren Kinder kamen zu mir und fragten in gebrochenem Englisch, wer ich sei und woher ich käme. Sie lachten, zeigten auf die Dolmetscher und verschwanden wieder. Ich setzte mich an einen der Tische und sah zu, wie die Kinder malten. Buchstaben aufklebten. Mit ihren Fingern Fotos aneinanderreihten.

Am Abend im Hotel erzählte Marthi mir, wie begeistert die Kinder in der Schule mitgemacht hätten. Auch hätten sie für die Wandzeitung Bilder von ihren Städten gezeichnet. Von Orten, die ihnen gefielen und die ihnen wichtig waren. Sie glaubte, dass einige der Kinder in den Stunden am Nachmittag Freundschaften geschlossen hätten.

Ich erwähnte kurz die Bemerkung der Dolmetscherin über den immer noch währenden Einfluss der Eltern im Hintergrund. Marthi stand auf, ging raus auf den Balkon, und als sie wiederkam, sah ich, dass sie wütend und enttäuscht war. Sie sagte, ich würde es kaputt reden wollen. Es sei etwas, was sie bei so vielen Deutschen erlebe würde: Wir könnten nur das Negative sehen, die andere Seite, das Scheitern. Ständig würden wir Zweifel haben und dunkle Schatten an die Wand malen. Plötzlich fiel sie ins Englische: „This is peace work what we are trying to do here!"

Ich staunte über das, was ich mit meiner Bemerkung ausgelöst hatte. Aber es war zu spät. In Ermangelung anderer Ideen, begann ich mich zu verteidigen, sagte, dass ich nichts Schlimmes am Zweifeln finden könne. Zumal wenn die Organisation, für die sie arbeite, mit scheinbar unnachgiebigem Selbstbewusstsein davon sprach, Friedensarbeit in Europa zu leisten. Das sei ein großer Begriff.

Ich kann mich nicht erinnern, dass wir stritten. Jedoch erzeugte ein Gefühl von Entfernung, von vergiftetem Rechthabenwollen ein mehrere Stunden währendes Schweigen. Wir sprachen danach nicht mehr über den Vorfall. Die Wandzeitung wurde fertig. Es wurde auch eine gedruckte Ausgabe vorbereitet. Wenige Tage später, als wir in einem Restaurant in der Stadt saßen und eine erste Fassung der Zeitung in der Hand hielten, bedauerte ich, dass ich mich nicht stärker für die Zeichnungen der Kinder interessiert hatte. Besonders die Karten, die Marthi erwähnt hatte, beschäftigten mich.

Wenn Kinder Räume zeichnen, Landschaften, Länder, Orte, dann wählen sie oft für die Darstellung von Begrenzungen Zäune, Tore oder Türen. Die präzisen Linien der topografischen Karten in Atlanten oder auf elektronischen Kartenbildern sind ihnen zumeist noch verschlossene Zeichenwelten.

Als Kind hatte ich bei den Wanderungen an der polnischen Grenze in der Oberlausitz auf die hellen Wasserstrudel der Neiße gesehen, ein Nebenfluss der Oder, an dessen Ufern hin und wieder rot-weiße Pfähle zwischen Baumstämmen auftauchen. Ich konnte mir nicht vorstellen, dass das treibende Wasser die gleiche Grenzlinie sein sollte, die man uns in der Schule in den Atlanten gezeigt hatte. Der Fluss bewegte sich doch! Wenn nach dem Winter die Schneemassen schmolzen, trat das Flusswasser über die Ufer und bildete blinkende Lachen auf den Uferwegen.

Was hatten die Kinder in der Schule in Osijek damals über Grenzen gedacht? Wenn sie an den Schusslöchern der Häuser vorbeiliefen, gehörte das immer schon und wie selbstverständlich zu ihrer Welt? Vielleicht war der Nachmittag in der Schule, in der ich als Gast zwischen ihnen saß, in dem großen Raum mit der Fensterfront zur Straße hinaus, ein erster Schritt hin zu jener Art von Spurensuche, die mich bis heute beschäftigt. Den schwierigen Charakter von Grenzen zu verstehen, wie sie existieren, wie sie geworden sind, aufnehmende und abweisende Gebilde zugleich, wie sie sein könnten, durchlässig und schützend zugleich, Orientierungen, Wegzeichen, Flüsse. Sodann ihre Geräuschlosigkeit, ihre Existenz als mäandernde Striche und Pünktchen in den Atlanten. Das Europa, das meine Gedanken erfüllt, gleicht eher dem Schwirren von Radiostimmen, diesem Durcheinander von Geräuschen, Tönen, über-, gegen- und nebeneinander sprechenden Menschen, Phantasiefolgen und Fußschritten. Hatte es in dem Hotel in Osijek nicht ein altes Radio auf dem Nachttisch gegeben, das noch über Drehknöpfe verfügte? Der rote Zeiger, wie durch Sand gleitend, der das Geschrei eines Fußballspiels ebenso einfing wie die Wetteransage und das Scheppern der lokalen Popmusik.

Jetzt, im Flugzeug sitzend, versuche ich mir die Zeichnungen der Kinder wieder wachzurufen und gleichzeitig denke ich daran, dass die in meiner Erinnerung noch immer in der Schule sitzenden Kinder mittlerweile junge Erwachsene sind, eine Universität besuchen oder in einem Beruf arbeiten, sich vielleicht nicht einmal mehr daran erinnern können, was sie in diesem Sommer getan, aufgeschrieben und gezeichnet hatten.

Ich stelle mir eine Bibliothek der verschwundenen Dinge vor, in der ihre Skizzen aufgehoben wären. Ein Ort, der nur dafür da ist, solche Dinge zu sammeln. Die Dinge, die am Rand stehen, unauffällig oder verborgen sind, keine Kenntnisse verlangen, nur die Fähigkeit des ruhigen, genauen Hinsehens.

Damals war ich nach dem Schulprojekt mit Marthi bis nach Albanien hinuntergefahren, um einen Flug zurück von Korfu zu bekommen. Ich erinnere mich noch an das lange Gespräch, das wir über unsere Herkunft aus zwei Welten geführt hatten in einem Hotelzimmer in Saranda, die griechische Küste vor Augen, hinter uns der Weg über die langen Bergstraßen von Vlora hinunter in die südliche Hafenstadt. Das langsam einsetzende Gefühl der Verständigung, des Austauschens von Beobachtungen, des Aushaltens von Stille, des Sich-Veränderns an einem anderen Ort. Erschöpftes Schweigen irgendwann auch, da sich Auskünfte ab einem bestimmten Zeitpunkt zu wiederholen beginnen und man mehrere gute Stunden zunichtemachen kann, wenn man die Zerstörungskraft weniger Augenblicke des Zuvielredens unterschätzt.

Das Flugzeug landet in Tegel. Auf dem Weg in die Stadt passiere ich den Park, in dem über viele Jahre hinweg schwarzfellige Hirsche über ein umzäuntes Baumgelände streiften. Sodann das Virchowklinikum, das Afrikanische Viertel im Wedding, die arabischen und türkischen Geschäfte in der Badstraße. Später tauchen hinter der Autoscheibe die Fenster des Glaskastens auf, der alte

Schmidt'sche Ballsaal, in dem erst die Kommunisten, dann die Nazis und nach dem Krieg fromme Gemeindemitglieder feierten, sangen, aßen und tanzten, bis schließlich ein afrikanisches Restaurant einzog, dessen weiße Tische hinter der großen Fensterscheibe standen und schließlich, als das Restaurant schließen musste, zu kleinen Türmen übereinander gestapelt wurden. Wo waren hier noch die Einschusslöcher der Kämpfe und Auseinandersetzungen zu sehen, die es um diesen Ort gegeben hatte? Vielleicht, denke ich, bedürfen Archive und Museen einer Ergänzung: einer Schule des Sehens. Das allmähliche Erlernen, auf die vorbeiziehenden Dinge zu schauen, wie man auf die Zeichnungen von Kindern schaut: eine augenblickliche Entdeckung, ein kurzer Ausschnitt eines Wissens und Fühlens zu einer bestimmten Zeit mit bestimmten Wahrnehmungsmöglichkeiten. Was wäre dann aber meine Karte, meine Zeichnung? Welche Orte würde ich eintragen in diese Kontinent-Skizze? In eine offene Fläche, die von keinen Zeiten abhängig ist, durchpulst von Erinnerung und Gegenwart gleichermaßen, von den Details, die gewöhnlich keine Rolle spielen beim Anfertigen von Karten. Nur keine Hymnen auf Europa; das versperrt den Blick. Eine kurze Anleitung will ich verfassen, mich selbst zurechtzufinden in einem Gelände, das es einem schwer macht, nicht den Überblick zu verlieren, sich nicht zu verirren in den vorgefertigten Kategorien, Bildern und Bekenntnissen. Und dabei weiß ich, dass die Erinnerung trügen kann. Dass die Markierungen der selbst eingezeichneten Wege immer im Widerspruch stehen zu den Erinnerungen anderer. Dass sie daher erzählte Wege sind, Pfade des Vorläufigen, die man genau als solche benennen muss. Vorläufig, vor der präzisen Erinnerung laufend, immer gefährdet, sich plötzlich aufzulösen, aber auch begabt, dich in die Zukunft einzuladen.

Erster Ort: Basel und die Wundermaschine des Jean Tinguely

Der Zug fährt langsam in die Bahnhofshalle in Basel ein. Kurz bevor die Waggons halten, sehe ich auf eine Fläche, die offensichtlich für Werbeposter reserviert ist, und nun, unbesetzt, in einem großen blanken Weiß hervorscheint. Wie eine Verhängung. Wie ein Versprechen, dass gerade niemand auf dich einwirkt und einhämmert.

Mich treibt meine Suche in die Stadt und ein Seminar, das ich an der Basler Universität halte. Die Seminarräume befinden sich unweit der Altstadt. Die Fenster führen hinaus auf einen kleinen gartenähnlichen Park, in dem unter Bäumen eine Metallskulptur steht. Zwei Erwachsene, die sich über ein Kind neigen.

Ich bin gern in der Schweiz. Es ist das erste europäische Land, das ich versuchte, durch die Augen meiner Eltern zu sehen und zu verstehen. Als meine Eltern die Deutsche Demokratische Republik, noch vor dem Mauerfall, verlassen hatten, waren wir als sogenannte *Ausreisende* – eine Bezeichnung, die ich später nie mehr in einem anderen Zusammenhang gehört habe – nach Westdeutschland gekommen.

Die Schweiz war ein solch mächtiger Mythos, dass meine Eltern von ihrem ersten im Westen verdienten Geld eine billige Busreise buchten, die uns durch den Gotthardtunnel in den italienischen Teil der Schweiz führte.

Als der Bus aus dem Dunkel des Tunnels herausfuhr, gleißten die im Sonnenlicht liegenden Berggipfel auf und ich sah, wie einige um mich herum zu weinen begannen. *Das erste Mal das sehen!* und *Endlich, endlich!* riefen einige der von ihren Sitzen sich erhebenden Passagiere und der Busfahrer kündigte durch das Mikrofon an, dass wir in wenigen Augenblicken einen Parkplatz erreichen würden, er bitte noch um einen Moment Geduld. Die Menschen traten wie benommen aus dem Bus, liefen über den windigen Parkplatz und ich war erstaunt, dass auch meine Eltern von diesem seltsamen Taumel ergriffen waren, mit dem die Reisenden in Richtung der Berge starrten.

Alles wurde bewundert. Die Natur, der Kaffee im Restaurant, die Tassen, die Mehrsprachigkeit der Menschen – *wie kann man so viele Sprachen lernen und sprechen?* –, die Sauberkeit der Straßen und das Aussehen des Geldes.

Das Gefühl, das sie empfanden, kannte ich, aber es hatte in mir nicht die gleiche Wucht, da ich als Kind das Wort *Eingesperrtsein* immer nur im Zusammenhang mit den Erzählungen zuhause kennen gelernt hatte. Jedoch verstand ich, vielleicht zum ersten Mal, was eine Reise auszulösen vermag, welche Kraft Orte haben können, zumal solche fernen und unspezifischen wie die Gipfel von Bergen und die weiten Flächen von Gletschern. Dass solche Naturgebilde noch für etwas Anderes stehen können als für ihre bloße Existenz. Bis heute erfüllt mich, wenn ich die Schweizer Grenze passiere, ein kurzes Gefühl von Aufregung, von Elektrisierung, von Überraschung: Man lässt dich hinein.

In Basel stehe ich auf dem Bahnhofsvorplatz und sehe auf die beiden Uhren, rechts und links an der Hauptfront des Bahnhofes. Wie zwei seltsame Augen wirken sie dort oben, ruhig und ungestört in die Ferne blickend. Der Vorplatz ist dicht gefüllt mit Menschen. Dennoch bewahrt sich der Platz eine eigentümliche Weite, für Momente sogar eine Leere, wenn die in einer klirrenden Kurvenbewegung einfahrenden Straßenbahnen die Passanten teilen und auseinandertreiben. In der Tram gerät man dicht an die Häuserwände in den engen Straßen der Altstadt, an die Glasscheiben der Läden, die großen Toreingänge. Sie scheinen zum Greifen nah.

Das Hotel, in dem ich untergebracht bin, ist ein ehemaliges Gefängnis, das *Au Violon*. Die Fenster sind eng und schmal und führen auf einen Innenhof, in dem möglicherweise früher die Insassen ihre Runden drehten.

Vor dem Eingang zum Hotel steht ein in Stein gefasster Brunnen, dessen Wasser hell ist, fast lichtgrün, mit treibenden Blättern auf der Oberfläche. Ist das ein letztes Relikt der Erziehung und Läuterung aus der Vergangenheit des Hauses, dass in meinem Zimmer weder ein Fernseher noch ein Radio stehen? Selbst die digitalen Verbindungen scheinen in den dicken Mauern zu ersticken. Zugleich erzeugt die Kargheit des Zimmers eine eigentümliche Konzentration. Es passt nur wenig zwischen Bett, Stuhl und Tisch, es sei denn, man dreht den Stuhl zum Fenster. Im Innenhof herrscht ein diffuses Licht.

Ich öffne das schmale, schlitzartige Fenster und trinke ein Glas Wasser. Der Anblick des Stuhles in dieser Enge wirkt wie die Vorbereitung auf eine Befragung. Mir fällt plötzlich das Gesicht des Schweizer Arztes Maurice Rossel ein, der 1979 von dem französischen Regisseur Claude Lanzmann in einem langen Filminterview über eine Reise nach Theresienstadt befragt wurde. Der Arzt Rossel war in den vierziger Jahren des 20. Jahrhunderts als Vertreter des Roten Kreuzes eingeladen worden, sich ein Bild von den Zuständen im Lager Theresienstadt zu machen, dem „Potemkinschen Ghetto", wie Lanzmann es nannte.

Der Schweizer Rossel konnte damals nichts Auffälliges in dem Lager feststellen. In seiner Wahrnehmung liefen dort gut gekleidete Menschen umher, Frauen mit Hüten und Seidenstrümpfen, spielende Kinder, fast einem behaglichen Frieden folgend, der sich wie eine Dunstglocke über den Raum senkte. Rossel konnte beim besten Willen nichts Verborgenes in den Straßen und Häusern der Festungsstadt erkennen, keinen Terror und keinen Schrecken. So beschrieb er es auch in seinem Abschlussbericht: Ein normales Leben hatte sich ihm gezeigt.

Weniges erinnere ich aus dem Film. Nur dies: das Gesicht und die Körperhaltung Rossels. Wie er dasitzt, gepflegt, überlegt, scheinbar an die Unbeirrbarkeit ruhiger Gedankengänge gewöhnt, weltgewandt, höflich. Dann die Stimme Lanzmanns, die ihm ohne Anklage und Vorwurf erzählt, was wirklich in dem Lager passiert war. Wie die Maskerade beschaffen war, die man für den Inspekteur inszeniert hatte. Vielleicht trog meine Erinnerung: Aber in der Stimme Lanzmanns war eine Obsession für Details herauszuhören, eine Gegenkraft, die wie ein Strom durch das lange Gespräch floss, wobei er immer wieder lange Pausen machte, Pausen wie tiefe Atemzüge, Stille, in denen alles Gesagte zu wirken begann.

Lanzmann nannte seinen Interviewfilm damals „Ein Lebender geht vorbei". Wie viel ist in diesen vier Worten von einer seltsam zweiseitigen Erfahrung: der des Reisenden, Beobachtenden, aber auch die Erfahrung derjenigen, die das Vorübergehen erlebten, denen das Leben abgesprochen wurde. Ist das möglicherweise eine Konstante auf dem Kontinent geblieben? Nur das sehen zu können, was man gelernt hat zu sehen, was dem eigenen Blick zugänglich ist? Und dann später nachgetragene Erkenntnisse, das Staunen, das Bedauern und die Entschuldigung, limitiert gewesen zu sein. Welche Stimmen werden meiner Generation einmal erklären, was wir nicht gesehen haben, obgleich es im Bereich des Entdeckbaren lag? Und welche Pausen wird das Gesagte mit sich führen?

Rossel blieb das ganze Interview über nahezu unbewegt in seinem Sessel sitzen, warmes Licht auf dem Gesicht, höflich auch noch im Verbergen eines unvermeidlichen Staunens.

Im Hotel ist es ruhig am späten Vormittag. Man gibt noch wie in alten Zeiten die schweren Schlüssel ab. Ich sehe auf die leeren Tische des Restaurants mit den weißen Decken und den klaren Faltenwürfen. Auf den Eingangstreppen liegen vereinzelt Herbstblätter.

Ich bereite mich auf das Seminar vor und laufe an einer Musikschule vorbei zur Universität. Gleich in der Nähe befindet sich ein Fahrradladen, in dem Rahmen aus Metallen hergestellt werden, welche Eiseskälte und extremer Hitze trotzen können. Zudem verkünden Plakate, dass digitale Zusatzgeräte eine Ortung der Fahrräder selbst an entlegensten Orten ermöglichen. Man sieht ein Foto aus dem Himalaya, endlose Gebirgsketten. Zwei Räder sind zu sehen, ohne Menschen, nur mit Gepäck und Zeltausrüstung. Als ob die Gegenstände allein verreisen würden, so weit entwickelt, dass sie überhaupt keine Fahrer mehr benötigten, *Explorer*, die ohne den Ballast persönlicher Erfahrungen auskommen. In der Schweiz sind solche Plakate allgegenwärtig, Träume von einer Weite irgendwo in außerkontinentaler Ferne, von abgesicherten Abenteuern und Herausforderungen. Von Wunderinstrumenten der Technik, die vorgeben, selbst noch auf dem Mond vollkommen funktionstüchtig zu sein.

Auch viele der Studierenden meines Kurses haben lange, ausgedehnte Reisen durch die Welt hinter sich. Gleichzeitig wissen sie, wo sie sich befinden, welche Rechte sie in ihrem Land haben, welche bewunderte Mitte es bildet. Nie habe ich erlebt, dass sie mit diesen Reisen hausieren gehen würden; sie gehören selbstverständlich zu ihnen und ihren Biografien. Nur einmal sagte mir ein Student mit einer scherzhaften Bemerkung, dass diejenigen, welche sich in der Schweiz das Reisen nicht leisten könnten, eher darüber schweigen als sich beklagen würden.

Nach dem Kurs räumen die Studierenden ihre Sachen zusammen. Ich stelle den Computer aus und mir gefällt, wie die noch Anwesenden im Raum unvermittelt ins Schweizerdeutsch fallen. Sie lächeln, als ich zugebe, dass ich nur Fragmente verstehe. Eine kleine Gruppe Studenten fragt mich, ob ich noch etwas vorhabe. Sie würden mich gern dazu überreden, mit ihnen eine Kunstausstellung zu besuchen. Es würde sich lohnen, die Kunstwerke und Skulpturen zu sehen. Sie befänden sich in den Räumen einer großen Schweizer Versicherung gleich in der Nähe der Universität. Eine frühere Kommilitonin habe dort eine Anstellung als Kuratorin gefunden und würde uns gern die Sammlung zeigen. Es gäbe dort ein besonderes Ungetüm zu bestaunen. Das Wort *Ungetüm* zieht mich an. Und der Name Jean Tinguely, den sie nennen. Ich hatte einmal eine Fotografie des Schweizer Künstlers gesehen, auf der er seinen Kopf neugierig unter ein Drahtgestell schob, als ob er darin verschwinden wollte.

Im Untergeschoss der Versicherung steht in einer Art Halle eine der Wundermaschinen Jean Tinguelys, ein mechanischer Riese, der auf einen Knopfdruck hin seine Räder und Federn in Bewegung setzt. Wie ein afrikanischer Dämonenaustreiber tanzt die Maschine, in deren Mitte das Schädelskelett eines Bullen hängt, lässt ihr Klirren und Scheppern hören und wirkt wie ein altmodischer Mechanismus, der noch deutlich vorzeigt, wie seine technischen Wunder funktionieren. Ein Spielzeug für Erwachsene, für eine Welt, die süchtig ist nach künstlich erzeugten Bewegungen. (Und in gewisser Hinsicht bist du es zuweilen auch.) Ich gehe dicht an das tanzende Wesen heran und sehe den scheppernden Rädern der Maschine zu.

In gewisser Weise ähnelt das Kunstwerk jenen Schweizer Uhren, die einen Glasboden haben und in ständiger gleichmütiger Geduld das Verstreichen der Zeit anzeigen. Nur mit dem Unterschied, dass man in Tinguelys Kunstwerk nach einigen Minuten erneut den Knopf drücken muss, damit es weitergeht. Vielleicht ist es dieser Knopf, der den Ort auf meine Karte trägt. Wenn die Räder verstummen, steht die Maschine still. Die Lampen auf dem unteren Aufsatz verlöschen. Es herrscht mit einem Mal eigentümliche Stille.

Ich denke an das Wort Innehalten. Nicht die Stille aushalten, sondern innehalten, für einen Moment nicht auf das nächste Ereignis, den nächsten Wortwechsel und die nächste Bewegung warten. Am Morgen hatte ich in Basel einige Museen besucht, hatte mir Bilder und Skulpturen angesehen, war sehr früh am Rheinufer entlang gelaufen, hatte mir das Casino angeschaut, in dem Theodor Herzl seinen ersten zionistischen Kongress abhielt, war an den Auslagen der wunderbar verwinkelten Antiquariate vorbei geschlendert, in denen man alte Stiche und Radierungen aus dem 17. und 18. Jahrhundert finden konnte, von denen manche nur den Blick in eine Seitengasse oder auf einen alleinstehenden Pfahl am Flussufer freigaben, eine anheimelnde Leere, mit deren Betrachtung man viel Zeit verbringen konnte. Aber nichts hatte in mir das Gefühl einer Ankunft in dieser Stadt so klar vermittelt wie die Begegnung mit Jean Tinguelys Maschine, die plötzlich stillsteht und sich nicht mehr bewegt. Zugleich denke ich wieder an den Busparkplatz, auf dem ich das erste Mal bewusst die Schweiz als Land wahrgenommen hatte.

Hätte ich meinen Eltern damals erzählt, dass mich drei-
ßig Jahre später nicht der Anblick von lichtgleißenden
Bergspitzen mit Bewunderung erfüllen würde, sondern das
Stehen vor einer verstummenden Maschine, sie hätten
mich wahrscheinlich für pubertär überspannt gehalten.
Aber so war es. Viele der alten Mythen über die westliche
Sphäre des Kontinents, mit denen ich aufgewachsen war,
waren nach und nach verschwunden und neue waren ent-
standen. Zum Beispiel der Mythos des Verstecks.

Ohne die Einladung der Studenten wäre ich nicht auf die
Idee gekommen, in die Ausstellungsräume einer Versiche-
rungsgesellschaft zu gehen. Es gibt fraglos imposantere
Werke von Tinguely in der Schweiz zu sehen. Doch genau
dort, eingesperrt im Untergeschoss einer Kunstsammlung
von Geschäftsleuten, in einem Gebäude, das an einer lauten, viel befahrenen Straße liegt und dessen Foyer kalt,
nüchtern und abweisend seine Glastüren wie ein Gitter präsentiert, gelingt die Überraschung. Die Maschine ist ein
Knecht, ein Clown, eine Zirkusnummer. Sie geht an, wenn
man will. Nur wenn sie stoppt, ist sie ganz bei sich selbst, zit-
tert noch etwas nach von der Bewegung im Raum und etwas
in dir steht auch still.

Später führt uns die Kuratorin noch in die weiteren
Räume des Hauses. Wir betreten den Fahrstuhl und fahren
hinauf in die großen Besprechungssäle, in welchen zuweilen die Geschäftsführung ihre Sitzungen abhält. Ich sehe
einen riesigen Tisch mit einer Telefonspinne. Die Leiterin
weist uns auf die Stirnwand hin, auf der in verschiedenen,
kräftig leuchtenden Farben ein englischer Kinderreim zu
lesen ist:

Three geese in a flock. One flew East. One flew West.
One flew over the Cuckoo's nest.

Mitten in der Erhabenheit des Raumes wirkt der Vers tatsächlich kindlich. Wie die Beschwörung von Abzählreimen, mit denen spontan etwas zwischen Kindern entschieden werden soll. War der Wunsch nach auf diese Art zustande kommenden Entscheidungen etwas, das die einflussreichen Teilnehmer der hier stattfindenden Runden insgeheim erheiterte oder sogar dazu inspirierte, nicht alle Entscheidungen nur nach rationalen Maßgaben abzuwägen?

Die Kuratorin weist uns daraufhin, dass es sich bei der Wand mit den Kuckucksversen ebenfalls um ein Kunstwerk handele. Die Sehnsucht nach der Logik von Kindern, vielleicht auch nach ihrer Brutalität und ihrem schnellen Urteil, schien in dem sich wiederholenden Kinderreim anwesend zu sein und durch die bunten Farben sich nur noch zu verstärken. Möglicherweise hatte aber auch der Künstler eine heitere Kritik an diesem Ort versteckt, etwas Karnevalistisches, einen Scherz oder eine Abneigung gegenüber der geldgesättigten Umgebung, in die sein Werk geraten würde.

Jedenfalls lächeln einige der Studierenden und machen Bemerkungen, die erkennen lassen, dass auch ihnen die Ironie auffällt, welche man aus den Zeilen herauslesen kann. Draußen vor den Fenstern des Sitzungsraumes liegt die Stadt mit ihren Kirchen und alten Hausdächern unter einem ruhigen Abendhimmel. Ich bedanke mich bei den Studierenden für die Einladung, und gehe in mein Hotel, in das ehemalige Gefängnis. Am Schreibtisch sitzend, lese ich über Jean Tinguely und sein Leben. Ich sehe mir Fotos an. Tauche in die Welt seiner Maschinen ein.

Jean Tinguely, der Zauberer, seine dunklen Augenbrauen, die energischen Stirnfalten, während er an einer Zigarette zieht, indes seine Augen sich auf die verwinkelten

Mechaniken seiner Maschinen richten. Das Kind in Basel, das nicht Deutsch sprechen wollte, sondern Französisch. Das katholische Elternhaus, die aus einfachen Verhältnissen stammenden Eltern. Keine reichen Schweizer, sondern Magd und Lagerverwalter, das Kind in Matrosenuniform, später dann sein Leben als Dekorateur, die Welt von Schaufenstern und Auslagen durchdenkend, wo eine Sache am besten liegt und steht und sich zeigt.

Während der Krieg in Deutschland tobte, dekorierte Tinguely Schaufenster, arbeitete mit Draht, versuchte ein anderes, freieres Leben auszuprobieren in einer die Augen vor der Welt verschließenden kleinen Welt. Erst später, nach dem Krieg und in einer anderen Stadt, in Paris, beginnt er, sich den Maschinen anzunähern, baut diese scheppernden Ungetüme, deren Unregelmäßigkeit und Lärm gerade das Besondere sind, das ihn anzieht. (Wäre das nicht auch dein Traum, schreibend solche Gebilde zu bauen?)

Ich lese über seine Gedanken zur Kinetik und Bewegung, suche aber nach Textstellen, die das Verstummen der Maschinen berühren. Der Augenblick, in dem die Beschäftigung mit der Mechanik aussetzt und die Erinnerung, wo man ist und was man fühlt, wiedereinsetzt. („Ein besonders gutes Beispiel war ein Werk, das ich dem Publikum in New York vorführte. Diese Maschine war einfach da, ohne dass der Kulturbetrieb es geschafft hätte, sie irgendwie zu absorbieren, museumsreif zu machen, einzurahmen, zu konservieren. Das war ein glänzendes Kunstwerk und es war verschwunden. Es hatte keinen Wert, keinen Sinn, ein geläutertes Ding, das in keiner Weise kommerziell war. Es handelte sich auf keinen Fall um die Suche nach der Stabilität. Die totale Instabilität im Verschwinden, im Rauch …")

Vielleicht ist das die große Verführung aller Maschinen: dass sie uns die Anstrengung des Erinnerns abnehmen. Sie sind in all ihren Formen derart wendig, erotisch und klug, dass sie uns abzulenken verstehen. Wir müssen sie ansehen und reagieren. Wir wollen sie berühren. Sie gaukeln uns lebendige Augenblicke vor. Sie sind da und verschwinden wieder, werden ersetzt durch neue technische Gebilde und Erfindungen.

Tinguely hat in fast all seine Maschinen eine kleine Störung eingebaut, eine Verzögerung, eine Lücke, in die wir hineinspringen können, um uns die Zeit, die uns die Maschinen nehmen, zurückzuholen. Diese Lücke ist ein Ort. Es ist der Kampfplatz unserer Liebe zu den Maschinen, dem wir nicht entrinnen können. Diesen Platz ausgerechnet in dem bankähnlichen, sterilen Gebäude der Basler Versicherung gefunden zu haben, gefällt mir. Das ist der Mythos des Verstecks.

Als ich am nächsten Morgen am Bahnhof in Basel stehe, regnet es. Ich bedaure, dass ich nur so kurz in der Stadt sein konnte. Wenn man über etwas nachzudenken beginnt, braucht man Zeit. Stundeninseln, um das Gesehene wirken zu lassen. Wolkenformationen ziehen am Himmel. Über die Waggonreihen hinweg betrachtet, wirken sie wie dem Bahnhof zugehörig. Es ist kühl und windig auf dem Bahnsteig, den sie hier Perron nennen.

Gegenüber hängt ein Kinoplakat, eine Gruppe von Menschen in einer Straße, helles Sonnenlicht im Rücken, in ein unaufhaltsames Abenteuer rennend. Mir fällt ein Nachmittag meiner Kindheit in der kleinen Stadt an der östlichen Grenze Deutschlands ein. Meine Mutter kommt in die Wohnung und sagt, sie hat Kinokarten für eine Filmvorstellung, die nicht öffentlich ist. Nur wer Karten aus dem Kontingent hat, darf rein. Zieht euch schön an, ruft sie uns Kindern zu. Wir gehen in die Stadt, schleichen uns in das Kino. Ein Seiteneingang muss genommen werden, dann sitzen wir im großen Saal im Dunkeln und der Film beginnt. Der Film ist eine Komödie, eine Liebesgeschichte, in der ein japanischer Fotograf einer Frau quer durch Europa auf einem Motorrad hinterher reist. Er trifft die Frau in Frankreich, sie streiten sich, er folgt ihr in die Schweiz und ich sehe meine Mutter weinen, während das Licht in Zürich auf den Bahnhofsvorplatz fällt. Der Fotograf gibt Gas auf seinem Motorrad, Bergstraßen, die Alpen im Seitenspiegel, rasende Geschwindigkeit im Kamerablick. Das muss in den frühen achtziger Jahren des 20. Jahrhunderts gewesen sein. Und plötzlich steht Tinguelys Maschine still und ich bin dankbar, mich auf diesem Bahnsteig zu befinden und die Zeit für einen Moment anhalten zu können.

Zweiter Ort: Breslau und die Fußgänger im Untergrund

An der Kreuzung der Straßen Piłsudskiego und Świdnicka in der polnischen Stadt Wrocław steht eine Frau mit einer Sonnenbrille. Die Brille sieht aus, als sei sie den Augen einer Fliege nachgebildet. Zu groß für das Gesicht der Frau, verleiht die Brille mit den dunklen ovalen Gläsern ihr doch etwas Stolzes und Mächtiges, als könnte sie durch das Glas besondere Dinge sehen. Die Frau schaut auf, als würde ihr jemand etwas Geheimes zurufen. Sie hält ihre Handtasche fest, während hinter ihr weitere Passanten aus dem aufplatzenden Straßenbelag hervorbrechen, unaufhaltsam der Tiefe des Asphalts entsteigend, ohne dass auch nur ein Krümel Staub oder Erde an ihren Kleidern haften bleibt. Wohin sieht die Frau? Geht sie? Ihre Schultern berührend, öffnet sich die Stadt aufs Neue für mich, gibt Wege preis, für die man unbedingt ihre ortskundige Nähe benötigt. Wie lange war ich nicht mehr hier und habe die Figur nicht mehr an der Schulter berührt, als ob sie dazu fähig sei, sich jeden Moment zu mir umzudrehen und zu sagen: *Ah, Du wieder!*

Ein polnischer Künstler hat die Frau mit der Sonnenbrille und ein Dutzend mehr Menschenfiguren als anonyme Passanten an der Kreuzung nach der Jahrtausendwende aufgestellt. Man wartet mit ihnen an der Ampel. Im *Jetzt* ausharrend, dass das Licht gegenüber von Rot auf Grün springt. Lebensgroß stehen die stummen Figuren neben dir in ihrer steinfarbenen Kleidung. Während du den Zebrastreifen überquerst, steigen die anonymen Passanten hinunter in die Erde und kommen auf der anderen Seite der Straße wieder hinauf, die Decke des Straßenbelags durchstoßend. Der Mann mit der Wollmütze, der einen Autoreifen trägt, die Frau mit dem Schirm, deren Knöchel noch tief im zerbrochenen Boden stecken. Je länger man die Figuren ansieht, desto weniger weiß man, was sie augenblicklich denken und fühlen.

Die Verwandten der Wandernden könnten in jeder europäischen Stadt stehen. Sie kennen die Wege ins Verborgene, ohne Trauer oder Melancholie. Sie sind die Passanten des Unsichtbaren. Sie haben Zugang zu jenen Bereichen der Stadt, die verschwunden oder unauffindbar sind. Zugleich sind sie da, haben einen Alltag. Menschen an einer Straßenkreuzung, vom Lärm des brausenden Verkehrs umspült.

Als ich ein Jahr lang in der polnischen Stadt lebte, gab es die wandernden Passanten noch nicht. Oft bin ich an der

Kreuzung vorbeigekommen. Die Luft war verpestet durch Abgase und Benzingestank, dennoch gab es in Polen immer auch diesen sommerlichen Hauch Lebenswärme, etwas Milchiges und Weiches, ein besonderes Licht, das gerade in den Morgenstunden noch in den hässlichsten Straßenzügen durchbrach. In gewisser Weise fühlte ich mich, noch ohne die Figuren zu kennen, ihrer Gehbewegung nahe.

Auch ich hatte damals den Eindruck, einzubrechen und den Weg wieder hinauf zu suchen, eine Weile im Dunkeln tappend.

Als Student hatte ich für große Zeitungen in Berlin geschrieben. Ich hatte das erste Mal verstanden, was es bedeutet, Geld zu verdienen, welche Freiheiten es einem ermöglichte, unabhängig zu sein. Die Berliner Redaktionen waren süchtig nach Geschichten, die möglichst kurios, exotisch, überraschend und außergewöhnlich waren. Sie sollten dem Versuch dienen, die junge deutsche Hauptstadt neu zu erfinden. Ehrgeizig wurde das Ziel verkündet, einen vielstimmigen Kosmos aus Menschen und Ereignissen zu veröffentlichen, der dem Rest der Welt die Angst vor den Deutschen austreiben sollte. Eine offene europäische Stadt sollte es sein. Nicht mehr der Kasernenhof der alten Preußen, nicht mehr die traumatische Angstmetropole der Nationalsozialisten und auch nicht das zerrissene Inselhybrid aus der Zeit der deutschen Teilung. „Ihr müsst nach verborgenen Geschichten suchen!", beharrten die in einer Dauereuphorie befindlichen Redakteure. Daran wollte ich teilhaben, wähnte mich berufen, einer der Wünschelrutengänger für diese Geschichten zu sein. Und ahnte nicht, wie kurzsichtig und vermessen dieses suchende Umherrennen war.

Die Redakteure waren entzückt über Berichte über eine vergessene Privatsynagoge, die in einem Hinterhof in der Brunnenstraße verdämmerte. Oder über ein Interview mit einem betagten Chinesen, der in einer dunklen Steglitzer Wohnung, fortwährend Radio hörend aus allen Teilen der Welt, von der Zeit träumte, als er noch der Deutschübersetzer des Großen Vorsitzenden Mao Zedong in Peking gewesen war. Sie begeisterten sich für die Manga-Comics von Hochzeitsritualen, welche Japanalogiestudenten in einem kleinen Museum in der Luisenstraße übersetzten. (Es handelte sich im Übrigen dabei um die ehemalige Wohnung des Schriftstellers Mori Ogai, der als Erster vollständig Goethes *Faust* ins Japanische übertragen und als Medizinstudent im Anblick der Linden vor dem Brandenburger Tor etwas von der erleuchtenden Kraft der Bhodi-Bäume zu entdecken geglaubt hatte. Buddha hatte unter einem solchen Baum ausgiebig zu ruhen gepflegt.)

Rumänische Avantgardelyrik, isländische Poesie, bulgarische Obertongesänge, portugiesische Küche und katalanische Tänze, tschechische DJs und ungarische Filmfestivals, Balkan-Tanzfeste in alten Bunkern und italienische Barock-Opern in stillgelegten U-Bahnschächten waren die elektrisierenden Bezugspunkte, welche das Neu-Bild der Stadt befeuern und beleuchten sollten. Was diesen Glanz vorweisen konnte, wurde gedruckt.

Ich war erstaunt, was es zu entdecken gab, welche Bewegung in der Stadt herrschte. Ich fühlte mich von dieser vibrierenden Entdeckungsreise, die so viele Stimmen und Farben mit sich brachte, mitgerissen. Zugleich misstraute ich meiner eigenen, durch nichts gerechtfertigten Überzeugung, über all die Dinge, die ich sah, schreiben und Auskunft geben zu können. Nachts war ich in der Stadt unterwegs. Am Morgen verfasste ich meine Texte. Und plötzlich war es vorbei. Ich merkte es, als mir eines Tages ein Fotograf seine alte Kamera wie ein totes Tier entgegenstreckte und sagte: „Von der nehmen sie keine Bilder mehr. Sie wollen nur noch die neuen digitalen Geräte und die kann ich mir nicht leisten."

Noch deutlicher spürte ich den kommenden Abschied, als die früher so enthusiastischen Redakteure immer häufiger beiläufig danach fragten, was meine Pläne für die Zeit nach dem Studium seien. Da ich keinen festen Vertrag besessen hatte, verlor ich meine Aufträge. Wenig später wurden einige der Zeitungen, für die ich geschrieben hatte, gänzlich eingestellt oder man verlegte den Redaktionssitz in eine andere Stadt.

Ich versuchte mich mit dem Hemingway-Satz zu trösten, dass man mit dem Journalismus nicht zu viel Zeit verbringen dürfe, sonst zerstöre er alles in einem. Jedoch hatte ich keine finanziellen Rücklagen und vermisste die tägliche Bewegung von einem Ort zum anderen, und noch mehr die Überraschungen des Ungewöhnlichen, die nun nicht mehr gebrauchte Aufmerksamkeit für das Andere, für die Gesichter und Geschichten aus so vielen Ländern, die hektischen Anrufe: Da und dort passiert gerade etwas Aufsehenerregendes, geh hin!

Wie sehr hatte ich mir in dieser Zeit gewünscht, die Kette immer neuer Gesichter und Begegnungen würde nie abreißen. Mit der Hybris leben, durch Worte etwas aufzubauen, zu begleiten, kann zur Sucht werden. Ich beendete mein Studium. Kurz darauf wurde ich von meinem Professor in sein Büro in Dahlem bestellt. Er hob seine Tasche auf den Tisch, packte seine Unterlagen ein und meinte, in meiner Lage könne man sich mit Stipendien beschäftigen, kellnern gehen oder etwas Sinnvolles tun und zu unterrichten beginnen. Er bot mir eine Stelle als Austauschdozent in Polen an. So sonderbar mir es heute erscheint, so deutlich sehe ich noch meine damalige Reaktion vor mir: Du wirst abgedrängt.

Polen kannte ich nur als die ruhige Grenzlandschaft meiner Kindheit. Die baumbestandenen Flussufer der Neiße, die kleinen Städte mit den leeren Plätzen und den Kiosken, deren Attraktivität darin bestand, dass Pepsi-Cola-Flaschen aus großen Stiegen herausgezogen wurden und eine Menge Menschen herumstanden, an der dunklen Limonade nippten und in einer fremden Sprache plauderten. Das Land der schwarz-weißen Filmbilder, Wiesen, Zäune, Hochhäuser und im Nebel fahrenden Straßenbahnen, das waren die Bilder, mit denen ich aufgewachsen war. Dorthin sollte ich nun gehen?

Als ich das erste Mal in Breslau am Flussufer der Oder stand, den Weg von der Alten Markthalle kommend, begriff ich, dass ich weder etwas wusste noch verstanden hatte. Es war da eine Helligkeit wie ich sie in Frankreich gesehen hatte, ein frischer Wind, der vom Ufer aufstieg und den Geruch eines großen Flusses mit sich trug. Ich überblickte die lang gestreckten, in der Sonne liegenden Promenaden, die Bewegungen der Autos, der Passanten, die Eisenkonstruktionen an den Brücken, eine offene Weite. Mir wurde der Weg zur Universität gezeigt, in deren ausladendem Innenhof das Licht glänzte, als ob es durch eine große Glaswand fiele. Man präsentierte mir die Räume, in denen unterrichtet wurde. Das Büro, das ich mir mit den anderen ausländischen Kollegen teilen würde. Sodann die prächtige goldschimmernde Aula Leopoldina, die für akademische Feierlichkeiten genutzt wurde.

Die Vorgesetzten sprachen ein gepflegtes Deutsch. Schwer und weich ließen sie dabei die Buchstaben R und L anschlagen. Es gab offensichtlich eine Menge Regeln, ausgesprochene und unausgesprochene, die es zu beachten galt. Man vermied es zum Beispiel, über Konflikte mit dem westlichen Nachbarland zu sprechen. Überhaupt schien eine Art Skepsis gegenüber der Stadt zu herrschen, aus der ich kam. Jene Freude an der Beschäftigung mit der Gleichzeitigkeit vieler Kulturen wich hier einer distanzierten Form der Aufmerksamkeit.

Als mich einer der älteren Professoren fragte, worüber ich mein Seminar zu halten gedenke und ich ihm antwortete, dass ich gern etwas zu deutsch-jüdischen Literaturtraditionen anbieten würde, nahm er seine Brille ab, blickte mich besorgt an und sagte: „Hätte es nicht ein anderes Thema sein können?"

Auch später merkte ich, dass manche Studierende die Texte, die ich ins Seminar mitbrachte, als gewöhnungsbedürftig empfanden. „Das ist wieder mal ein sehr deutsches Thema", murrten sie, ohne mich dabei anzusehen. Sie warfen sich untereinander Zeichen zu, spielten die Überlegenen und gaben sich zugleich alle Mühe, freundlich zu mir zu sein, wohl weil sie schon eine ganze Menge ähnlich ehrgeiziger Charaktere aus dem Nachbarland erlebt hatten, die mit einem gewissen Sendungsbewusstsein in ihre Seminarräume hineingelaufen waren. Und schließlich in der Realität angekommen waren.

Einmal las ich mit ihnen eine Geschichte der jüdisch-polnischen Schriftstellerin Ida Fink. Ein jüdisches Ehepaar besucht nach dem Zweiten Weltkrieg die polnischen Bauern – sie nennen die beiden Erwachsenen Onkel und Tante –, welche sie während der Zeit der Verfolgung heimlich versteckt hatten unter der Bedingung, ihnen als Dank nach dem Krieg ein neues Haus zu bauen. Nun ist das Haus fertig. Bezahlt vom Geld des jüdischen Ehepaares. Onkel und Tante sind aufgeregt, haben Wodka und Brot auf den Tisch gestellt. Geheimnisvoll kündigen sie eine außergewöhnliche Überraschung für die Gäste an. Noch vor dem Essen wollen sie den Geretteten die Neuigkeit zeigen. Onkel und Tante führen das Ehepaar zu einem entlegenen Ort des neuen Hauses, heben eine verborgene Platte hoch, unter der sich ein vollständig eingerichtetes Versteck befindet, weiträumig mit bequemen Betten und Stühlen ausgestattet. Onkel und Tante betrachten ihr Werk: „Da, wenn jetzt was wäre, brauchtet ihr nicht zu hocken wie die Hühner; ein prächtiges Versteck, mit allem Komfort!" Die Eheleute erbleichen und verlassen zitternd das Haus in Richtung der nächsten Bahnstation.

Einige Studierende kamen danach nicht mehr zu meinem Kurs. Sie wechselten zu einem österreichischen Kollegen, der ein Seminar zur „Wiener Todessehnsucht" anbot; andere versuchten zuweilen, mich mit heiteren Bemerkungen durcheinanderzubringen, etwa mit der Frage, ob ich nicht Rabbiner werden möchte.

Erst am Ende meines Aufenthalts änderte sich etwas, als ich in der Sommerhitze mit den Zwanzigjährigen Spaziergänge durch das alte Breslau unternahm. Vorbeigehend an den Häusern, in denen sich einst Bibliotheken und Archive befunden hatten, an den Wohnungen von Dichtern und Philosophinnen, deren Welt und häufig auch deren Schriften untergegangen waren, begannen sie, Fragen zu stellen. Eine Studentin sagte in einem Hauseingang: „Ich kenne diese Seite der Stadt gar nicht." Damals kamen wir auch an der Kreuzung vorbei, an der sich heute die in den Boden hineinsteigenden und auf der anderen Straßenseite wieder hinaufwandernden Figuren befinden, ohne zu wissen, dass die Noch-Nicht-Sichtbaren schon im Leeren mit uns sprachen und uns auf Dinge hinwiesen.

In den ersten Tagen meines Aufenthalts im Land saß ich jedoch in meinem spärlich eingerichteten Zimmer in einem Wohnheim am Rande der Stadt und glaubte, einen Verlust zu erfahren. Ich war untergetaucht. So schien es mir. Losgerissen von meinen Plänen und Erwartungen. Ich spürte, dass es in mir eine innere Landkarte gab, auf der sich Ränder und Zentren befanden. Etwas in mir meinte, aus der Mitte, die alle Welt bestaunte, unwiderruflich herausgefallen zu sein.

Nachmittags streifte ich durch die Stadt, mit Vorliebe durch die Außenbezirke, an den neuen Leuchtreklamen vorbei, an den Imbissbuden mit den warm duftenden, mit Pilzen und Knoblauch belegten Baguettescheiben in den Auslagen. Ich setzte mich in die Seitenbänke der kalten Kirchen und beobachtete, wie sich vornehmlich ältere Frauen halbe Stunden lang auf den Steinboden des Mittelgangs ausstreckten, mit ausgebreiteten Armen und dem Gesicht zur Erde. Ich durchwanderte die Parks, die Gassen der Altstadt und besuchte Bars in den Außenbezirken.

Abends auf meinen Stadttouren begann ich zu fotografieren, las im Wohnheim die Romane von Marek Hłasko, Paweł Huelle, Olga Tokarczuk, hörte die Musik polnischer Komponisten, immer auf der Suche nach den Türen, die es weder in meiner Schulzeit auf der einen Seite der Mauer noch auf der anderen gegeben hatte. Eine nahe Fremde, die nicht fremd war. Der Fremde war ich. In mir fehlten die Schlüssel. Nur langsam begannen sie sich zu formen. Ich reiste durchs Land, schwamm in Seen und Flüssen, lernte Menschen kennen, versuchte mich an den weichen Zischlauten der Sprache, scheiterte und begann von neuem. Und eines Tages war es so weit. Guten Morgen, Polen: ein Gefühl von Ankunft. Das Auftauchen des Passanten auf der anderen Seite der Straße. In den Kalender blickend, erschrak ich vor der Tatsache, dass mir nur noch wenige Monate im Lande blieben.

Kollegen aus der Universität luden mich in ihre Wohnungen zum Abendessen ein. Sie vertrauten mir ihre

Kinder an, um ihnen Deutsch beizubringen. Ein Unterricht, der meistens in den Zimmern der Kinder stattfand. Die Welt des Alltäglichen, der kleinen Schritte und Abfolgen des Lebens öffnete sich und ich verstand, was ich zuvor nicht gesehen hatte, nicht sehen konnte. Hatten die Kinder zuweilen eine Frage über eine grammatische Struktur, probierten sie es auf Englisch. Aus dem Radio plärrten dieselben Lieder, die ich aus den deutschen Sendern kannte. Das Besondere und Eigentümliche war nicht im Offensichtlichen zu finden. Das Europa, das ich lieben lernen wollte, offenbarte sich in Kleinigkeiten, in Details, im Unerwarteten.

Einmal besuchte ich die Stadt Zgorzelec, dicht am Ufer der Neiße gelegen, unweit der Stadt, in der ich geboren war. Ein Breslauer Freund meinte, es gäbe dort nicht viel zu sehen. Ein paar Supermärkte, das Flussufer und mittelmäßige Restaurants, nichts weiter. Je länger ich mich in Polen aufhielt, desto mehr erschienen mir solche Warnungen als Hinweise, genau auf die Weise geringschätzig genannte Orte aufzusuchen.

An einem sommerlichen Tag saß ich in einem kleinen Café in Zgorzelec und unterhielt mich mit der Wirtin. Nach einer Weile brachte sie mir einen Zettel, auf dem ein „Festival des griechischen Liedes" angekündigt wurde. „Verrückt, nicht?", sagte sie. „Aber die Griechen gehören zu uns."

Draußen wurde die Straße repariert, es saßen nur ein paar ältere Leute im Café. Im Radio wurden polnische Lieder gespielt. Ich konnte mir nicht vorstellen, auf welche Weise *die Griechen* zu dem Ort gehörten.

Die Bemerkung führte in die Vergangenheit und zugleich in die Zukunft. Eine abseitige Spur aus den Gerölltiefen der anonymen Passanten an der Breslauer Kreuzung. Kaum wieder in meinem Wohnheim in Breslau angekommen, besorgte ich mir Bücher über jene Zeit, als durch die Stadt an der Neiße tausende griechische Soldaten gelaufen waren, die ihr Hinterland verloren hatten. Es war eine obskure Geschichte, an der ein ganzes Netz an Wegen und Pfaden hing, die Menschen quer über den Kontinent gezogen hatten.

Während des Ersten Weltkrieges wurde ein Armeekorps royalistisch gesinnter Soldaten unter dem Befehl des Kommandanten Ioannis Chatzopoulos als „Gäste der Reichsregierung für die Dauer des Krieges" mit zehn Zügen aus der Stadt Drama nach Deutschland überführt. Ende September 1916 trafen Tausende griechische Soldaten, viele in Begleitung ihrer Familien, in der damals noch ungeteilten Stadt Görlitz ein. Sie wurden in ein Lager gebracht, an dessen Tor der Willkommensgruß *Xairete* (Seid willkommen) prangte.

Die Soldaten waren keine Kriegsgefangenen. Sie besaßen noblen Sonderstatus. Sie erhielten ihren Sold, regelten ihre Angelegenheiten selbst und bewegten sich frei durch die Stadt.

Ich stelle mir vor, wie sie zu Beginn ihres Aufenthalts in ihren griechischen Armeeuniformen durch die Straßen der Stadt Görlitz wanderten, sich lautstark in ihrer Muttersprache austauschten und sich wunderten, wo sie gelandet waren. Exoten einer fremden Armee, die nun im Schatten der alten Bürgerhäuser und Jugendstil-Fassaden umherspazierten. Die Restaurants in Görlitz begannen, ihre Speisekarten auf Griechisch anzubieten; man witterte in den Geschäften und Läden Morgenluft, denn mit den Neuankömmlingen wurde der Handel belebt. Im Lager der Soldaten wurde Gemüse angebaut. Es entwickelten sich Liebesbeziehungen zwischen den Einheimischen und den

Fremden. Viele der Männer lernten die deutsche Sprache, sangen die Lieder ihrer Heimat und langweilten sich. Um nicht abgeschlossen zu sein vom Strom der Ereignisse in Griechenland, wurde sogar eine eigene Zeitung im Lager gegründet. „Ta Nea tou Görlitz – Neuigkeiten aus Görlitz". Die Soldaten, über raschelndes Zeitungspapier gebeugt und in zivile Annehmlichkeiten rutschend, warteten, dass die Zeit verging.

Als Griechenland 1917 in den Krieg eintrat, wurde das Land zum Gegner Deutschlands. Die Soldaten wurden vor die Wahl gestellt, sich als Kriegsgefangene zu betrachten oder sich als Arbeiter in deutschen Industriebetrieben zu verdingen. Ein Großteil entschied sich für die zweite Möglichkeit, wohl auch um ihre Familien durch den Krieg zu bringen. Mit dem Ende des Ersten Weltkrieges verschwanden die meisten Griechen aus der Stadt und kehrten in ihre Heimat zurück. Dort wurden viele von ihnen als Verräter empfangen und mit schweren Strafen bedroht.

Einige Familien blieben jedoch in Deutschland, eröffneten Geschäfte, fügten sich ein in das Land, das sie aufgenommen hatte. Ihre Nachkommen und Kinder erlebten, wie die Stadt nach dem Zweiten Weltkrieg geteilt wurde. Auf der einen Flussseite das deutsche Görlitz. Auf der anderen das polnische Zgorzelec. Bis heute führen die Spuren der Lebensgeschichten dieser Menschen quer über den Fluss, hinein in die Straßen und Häuser auf beiden Seiten.

Forscher entdeckten später Tonaufnahmen der Musik, welche die Soldaten im Lager gespielt hatten, darunter auch die klagenden Töne einer Bouzouki, mit einem kräftig wehmütigen Klang. Töne, die von weither zu kommen scheinen und doch seltsam vertraut und nah sind. Musik von Menschen, die ihre Heimat verlassen haben, die nichts von ihrer Zukunft wissen. Und trotzdem nicht bereit sind, zu verstummen.

Ich hatte mir immer vorgenommen, das Festival des griechischen Liedes zu besuchen, doch es war mir nie gelungen. Erst sehr viel später wird mir die Geschichte der Soldaten auf sonderbare Weise wieder begegnen, gleichsam aus dem Asphalt emporsteigend.

In einem Supermarkt eines Küstendorfs auf dem Peloponnes stehe ich vor einem Regal mit deutschsprachigen Büchern, die man an Touristen verkauft. Neben den üblichen Sommergeschichten und Liebesromanen entdecke ich ein schmales Büchlein, zweisprachig deutsch und griechisch. Eine Erzählung aus dem 19. Jahrhundert von Alexandros Papadiamantis. Sie trägt den merkwürdigen Titel „Der Kirchenscheue". Ich kaufe das schmale, fast heftähnliche Buch und lese es in einem Zug noch draußen auf einer Bank.

In der Geschichte laufen, hoch oben in den Bergen, Frauen über steinige Pfade, suchen nach einer Felsenquelle und bereiten sich auf die Osternacht vor, die sie im Gebirge verbringen werden. Es dämmert. Die Geräusche des nachtdunklen Waldes und des Wassers sind hörbar. Die Frauen reden miteinander, versuchen den richtigen Weg zu finden. Erzählt wird von einem tausendjährigen Baum, an dessen Wurzeln sich ein Wasserbecken befindet. Dort schöpfen die Frauen Wasser. Dann steigen sie weiter hinauf zu einer kleinen Kirche, wo sie die Nacht verbringen wollen. Sie hören von einem Hirten das Gerücht, ein seltsamer Einsiedler treibe sich in der Nähe herum, „der Kirchenscheue" genannt. Kolias, der rastlos Umherziehende, mit sich selbst und seinen Zweifeln kämpfend, nähert sich der Kirche, zum Erschrecken der Frauen. Nur die älteste bleibt gefasst; sie erkennt in dem Wandernden die

Liebe ihrer Jugend wieder, erinnert sich an die Momente ihrer ersten Begegnung, an einen unbeholfenen Kuss. Nach dem Scheitern der Liebe „verwilderte" der Mann in den Bergen. Er tritt ihr nun ruhig und gefasst entgegen. Sie bittet ihn um Vergebung und auf merkwürdige Weise schmilzt die Zeit zusammen auf diesen Ort und dieses Wort.

Das Buch beendend, lese ich in einer kleinen Notiz im Nachwort, dass die Erzählung in der vorliegenden Übersetzung am 25. März 1917 in einer Sonderausgabe der Zeitung *Ta Nea tou Görlitz* veröffentlicht wurde. Die Leser: die griechischen Soldaten in dem Lager an der Neiße. Zugleich die Menschen, die mit ihnen zusammenlebten, mit denen sie sich einen Ankunftsort aufgebaut hatten.

Fast so lang wie der Einsiedler Kolias auf das Wort Vergebung gewartet hatte, hatte auch die Erzählung gebraucht, um wieder aus der Versenkung aufzutauchen und ihre Geschichte und die damit verbundenen Geschichten zu erzählen.

Vielleicht ist das auch eine verborgene Lehre der Figuren an der Kreuzung der Straßen Piłsudskiego und Świdnicka in Breslau. Nicht nur sie selbst steigen immer wieder hinauf. Mit ihnen geht auch der Geist der verborgenen Erzählungen einher, die Spuren, die erfragt werden wollen, weil sie nicht ohne weiteres von selbst sichtbar werden.

Als ich Polen verließ, hörte ich von dem Plan, die Figurengruppe an der Kreuzung aufzustellen. Aber eigentlich waren sie immer schon da; es wurde nur der Vorhang weggezogen, der ihre Verborgenheit umhüllt hatte. Das erzählen sie mir, jetzt, wir zusammen Schulter an Schulter stehend, während ich auf das Aufleuchten der Ampel auf der anderen Seite warte.

Dritter Ort: Tirana und
die verschwundene Bibliothek

Bibliotheken sind zuweilen unheimliche Orte. Ihre erzwungene Stille drückt aufs Gemüt. Menschen unterschiedlichen Alters sitzen mit gesenkten Köpfen an Tischen, die Gesichtszüge meist ernst und konzentriert. Unvorhergesehene Geräusche werden mit Blicken geahndet, in der Folge auch mit geflüsterten Ermahnungen.

Ich bedauere es immer, dass ich mich nicht lange in Bibliotheken aufhalten kann aufgrund dieser Diktatur des verordneten Leiseseins. Ihre Gründe sind nachvollziehbar, aber ihre Auswirkungen unerträglich. Dabei wären diese Orte auf dem europäischen Kontinent die geeignetsten Plätze, um sich zu vergewissern, wo man sich befindet. Von den barocken Klosterbibliotheken bis hin zu den gläsernen Lesehallen der neuen Zeit verfügen sie über eine wunderbare Eigenschaft: Sie benötigen eine bestimmte Figur, um ihren Sinn zu erfüllen: den Leser, die Leserin. So wie eine Bahnhofshalle nicht ohne Passagiere denkbar ist, ergibt eine Bibliothek ohne lesende Menschen keinen Sinn. Die streunenden Gedanken, das langsame Entlanggleiten des Blicks über Buchseiten, das Bereitstellen von Büchern und Katalogen, all die Ingredienzen der inneren Aufmerksamkeit erzeugen eine bestimmte Atmosphäre, eine Bewegung, die den Raum mit Leben füllt. Doch dann als Kontrast diese oft bleierne Stille! Die Abwesenheit von Freude und dem Ausdruck von Freude. Wäre es nicht zumindest sinnvoll, wenigstens eine Stunde des Tages einzuräumen, in welcher eine Bibliothek all die Gefühle hörbar werden lässt, nach denen den Lesern zumute ist? Und eine Stunde des Klagens dann, wenn eine Bibliothek, die einen einmal empfangen hat, auf einmal verschwunden ist? Über diese Klage kann man zumindest vor den Fenstern eines alten Hauses in einer Straße Tiranas nachdenken, der Rruga George Bush, wenn man dort auf die Scheiben des ehrwürdigen Gebäudes sieht und in die Zeit zurückfällt – als hier noch eine besondere Bibliothek zuhause war.

Es ist der Vorabend der Eröffnung des „Deutschen Lesesaals" in Tirana, der albanischen Hauptstadt. Eine kleine, von Stiftungen bezahlte Bibliothek, welche sich offenbar den Namen nicht zutraut. Gemeinsam mit anderen Autoren soll ich an einer Lesung während der Eröffnungsfeierlichkeiten teilnehmen.

Im Erinnerungsblick: Die Berge sind in ein rötliches Licht getaucht. Ich stehe mit Freunden auf einer Dachterrasse mit Blick über die Stadt, auf die Minarette der Moscheen und die unzähligen Flachdächer, deren Antennen und Kabel im Lichtgleißen zu sehen sind. Ich trinke das örtliche Bier, werde gesprächig, stelle Fragen und gefalle mir in der Rolle des Plaudernden. Dieses Sich-Lösen, wenn man wenig gegessen hat und eine gewisse Leichtigkeit im Körper spürt. Die plötzlich veränderte Wahrnehmung der eigenen Stimme. Man kommt sich erträglich vor, zumutbar.

Eine junge Frau stellt sich uns als Schauspielerin vor, die früher einmal die Teletubbies synchronisiert hat. Sie führt uns die albanische Version des Kiekens und Seufzens der damals beliebten kleinen Figuren vor. Botschaftsmitarbeiter aus Frankreich und Deutschland laufen umher, verabreden sich für einen Cocktail im Garten des Hotel Rogner. Später kommen die Leute aus den NGOs. Das übliche Händeschütteln. Das unvermeidliche Reden und Räsonieren. Es erreicht uns ein Anruf. Wir sollen schnell in die Bibliothek kommen. Es gäbe ein Problem mit den

Büchern. Wir gehen zu Fuß durch die engen Straßen, vorbei an der Amerikanischen Botschaft, die mit ihren Kameras wie ein abgezäuntes Militärgelände wirkt. Ich sehe auf die Kleintransporter in den Straßen. Dicht gezwängt sitzen die Menschen beisammen auf der Reise in den Süden oder Norden des Landes. Ich mag das vokalreiche albanische Wort für Danke. *Faleminderit.* Ich höre es, als jemand in den Wagen springt und ein anderer dem Zugestiegenen Platz schafft.

Als wir den Lesesaal betreten, blicken wir in viele leere Regalreihen. Der kleine Raum verfügt über Tische, Stühle, Leseecken, doch es sind nur wenige Bücher vorhanden. Eine luftige Bibliothek. Die zuständige Verwalterin, die kaum Deutsch spricht, weist nervös mit der Hand in Richtung Untergeschoss. Wir steigen hinab und entdecken dort Hunderte von Büchern, in Plastik eingeschweißt. Einige in offenen Kartons, schon von der Feuchtigkeit des Raumes angegriffen. Man habe nicht gewusst, hieß es, dass die Bücher bereits da seien und dort lagerten. Bis zum nächsten Tag sollten alle Bücher eingeräumt in den Regalen stehen. Wieder oben im Bibliotheksraum angekommen, beginnen Gespräche und Diskussionen, wer für das Chaos verantwortlich sei. Ein Durcheinander von Stimmen. Ich blicke mich um und denke, welche Kraft doch ein Ort hat, an dem über die Ankunft von Büchern gestritten wird.

Am nächsten Tag zur Eröffnung hatte sich die Leere gefüllt. Rechtzeitig hatte man es geschafft, die Bücher in die Regale zu stellen, obgleich immer noch Lücken in den Reihen klafften. Notdürftig wurden die Leerstellen durch Bilder und Exemplare verdeckt, die aus anderen Bibliotheken herbeigeborgt waren. Während die Reden und Ansprachen gehalten wurden, die Gäste sich mit den Programmheften Luft zufächelten, spürte ich, wie sehr mir der Ort behagte. Er war nicht unfertig, wie manche behaupteten, sondern stellte vielmehr eine neuartige Form von Bibliothek dar. Eine, aus welcher die Bücher nicht nur ständig als Leihgaben hinausgehen und wiederkehren, sondern eine, die auf Bücher wartete wie auf etwas Unberechenbares. Ein mit gewisser Unruhe erfüllter Ort, gleichsam ein Gegenentwurf zur Stille der funktionierenden Abläufe und Rituale gewöhnlicher Bibliotheken.

Nach der Lesung gingen die Gäste umher, besahen sich die ausgestellten Bücher, Kataloge und Magazine. Es gab auch ein Regal, in dem sich die deutschen Übersetzungen albanischer Werke befanden.

Wie in dem zurückliegenden Jahr in Polen dachte ich daran, dass der Reichtum der Welt, der hier vorzufinden war, und die Schlüssel, die hier ausgebereitet lagen – Schlüssel, um sich eine der eigenwilligsten kulturellen Atmosphären auf dem Kontinent zu erschließen –, in dem Land, aus dem ich kam, wohl als etwas Wertvolles, aber zugleich Obskures, Fernliegendes und Exotisches verstanden wurden.

Die wenigen Verlage, welche das Wagnis eingegangen waren, albanische Bücher in Deutschland vorzustellen, hatten sich Mühe gegeben, ihre Mission anständig zu erfüllen. Die Fotografien auf den Einbänden zeigten kunstvolle Abbildungen von alten Dorfplätzen, Steindächern, traditionellen Kostümen und Gewändern. Von dunstigen Bergseen am Morgen oder bunten Häuserformationen an der Küste. Es war ein Abglanz jenes Albaniens, das man auch in den Übersetzungen der Bücher finden konnte: hart, zerrissen, auf den Knochen der Existenz gehend, und zugleich erfüllt von einer reichen Geschichte, von einem unverwechselbaren Klang.

Es reicht, sich nur die Namen von Städten, Grenzstationen und Flüssen aufzusagen, und man hört etwas von der Besonderheit jener Grundmelodie heraus: Gruda, Shkodra, Lezha, Kruja, Durrës, das Kir-Tal, Shoshi, Shala, die Täler des Drin und der Valbona.

Vielleicht ist das eine gewünschte Einbildung: Aber Landschaften und Bücher haben tiefe Entsprechungen, antworten sich gegenseitig.

Selten war die Kälte von Flüssen und der Anblick eines Flusstals etwas so Überwältigendes wie in der Schlucht unweit der Stadt Berat, in der ich wenige Tage später stehen würde. Nur wenige Male hat mich der Anblick eines Bergmassivs so überrascht wie nach einer langen Nachtfahrt der Blick auf das Gebirge aus dem Busfenster an der nördlichen Grenzstation Hani-i-Hotit hinter der montenegrinischen Grenze. Das Gelesene und das Gesehene gehörten zusammen. War daher nicht die Gründung und Öffnung einer Bibliothek immer noch das Vernünftigste, um die Tore des Verstehens zu öffnen? Und ihr Verschwinden folglich ein Desaster.

Durch die Bücher im Lesesaal blätternd, umgeben von den Geräuschen der Gäste, hörte ich, wie jemand neben mir sagte, dass nicht jede Übersetzung gleich gut gelungen sei. Ich wandte mich um und sah, dass der Übersetzer Ardian K. neben mir stand.

Er streckte mir freundlich die Hand entgegen. Albanische Freunde hatten mir von ihm erzählt. Er sei eine Instanz im Land. Er hatte am Deutsch-Albanischen Wörterbuch mitgeschrieben, führte einen eigenen Verlag und hatte sich eine Vielzahl von Gegnern erkämpft, da er sich in den Zeitungen ebenso vehement gegen die Zerstörung der Natur wehrte wie gegen die Lügen der postkommunistischen Cliquen, welche nach dem Zusammenbruch des alten Regimes schamlos die Macht unter sich verteilten.

K. hatte sich für die Öffnung der Bibliothek eingesetzt. Er sprach ein leises und weiches Deutsch. Er hatte dunkle, fast schwarze Haare. Sein Gesicht wirkte, als ob man eine Fotografie ansah. Es gab kaum einmal eine Bewegung in seinen Gesichtszügen. Als ich eine scherzhafte Bemerkung über die Leerstellen in den Bücherreihen machte, sah er mich an, als hätte ich beabsichtigt, ihn zu demütigen.

Er hatte sich mehrfach in Deutschland auf einige der wenigen Professuren für Albanologie beworben und war gescheitert. Auch später, als ich ihm begegnete, merkte ich, dass er jeden Sinn für einen ironischen Umgang mit den Unzulänglichkeiten seines Landes verloren hatte.

In ihm schlummerte ein Kosmos an Lektüren und Sprachen. Ohne damit aufzutrumpfen, konnte er durch ein paar rasche Bemerkungen weite Zusammenhänge herstellen. Er wies mich auf den österreichischen Volkskundeforscher Maximilian Lambertz hin, der während des Ersten Weltkrieges in den albanischen Bergen Märchen und Gedichte der Gebirgsbevölkerung gesammelt hatte. Auf die Dokumente geflüchteter jüdischer Familien, die während des Zweiten Weltkrieges in Albanien Unterschlupf und Schutz gefunden hatten. Auf die verzweifelten Versuche vieler Romanciers im Land, eine bürgerliche Gesellschaft zu erfinden, welche zuerst in den Büchern, dann im Leben aufscheinen sollte. Mit ähnlicher Begeisterung empfahl er mir auch die Arbeiten junger albanischer Dichterinnen wie Lindita Arapi. Ein Gedicht dieser Dichterin ist mir in Erinnerung geblieben, da ich glaubte, als K. es mir zeigte, dass der „Unbekannte", der in ihren Versen angesprochen wird, eine ihm zutiefst vertraute Figur war.

Dieser Samstag
Dieser nasse Abend.
Dieses Fenster mit einem Lichtschimmer da drüben.
Der Unbekannte darin.
Ich.
In meinem Zimmer.
Und ich versuche sein Geheimnis zu verstehen.
Hinter den fernen Vorhängen.
Dieser bittere Kaffee.
(Der gleiche vielleicht auf dem Tisch des Andern dort.)
Dieser verfrühte Winter.
Dieser Regen der in eintönigem Rhythmus
An die Fensterscheiben zu pochen begann
Dieses mörderische Schweigen des Tages
Wenn alles erstirbt
Dieser, dieses, jenes
Alles zusammen
Ist die Vertrautheit die zwischen mir
Und dem Unbekannten dort drüben entstand.

K. verbrachte den Abend in der Bibliothek mit diversen Gesprächen. Er war zuvorkommend und höflich, fragte sein Gegenüber, ob er noch etwas Wasser wolle, hob andeutend-grüßend die Hand, wenn er ein bekanntes Gesicht in der Menge entdeckte. Langsam ging er von einem zum anderen.

In meiner Erinnerung trägt er einen dunklen Pullover oder ein schwarzes Jackett. Überdeutlich sprach er jedes Wort aus. Seine Formulierungen waren gewählt, ohne zu prahlen. Er konnte ebenso aufmerksam zuhören wie sprechen. Er hatte wohl auch längere Zeit in München gelebt. Kannte selbst entlegene Topographien und Ortschaften Deutschlands. Gab präzise Stadt- und Wortgeschichten preis, wenn man ihn danach fragte. Er erschien mir als ein Typus, den ich oft auf meinen Reisen angetroffen hatte. Ein europäischer Intellektueller, der gegen den Magnetismus der zur Mitte des Kontinents ziehenden Kräfte einerseits ankämpfte, andererseits ihnen erlegen war. Eine Mischung aus Abneigung und Nähe, aus der vielleicht auch seine verzweifelte Melancholie rührte.

Als ich später hörte, dass er sich umgebracht hatte, sah ich seinen bewegungslosen Gesichtsausdruck wieder deutlich vor mir.

In den Gesprächen mit ihm hatte ich etwas von der schwierigen Liebe zu Europa kennen gelernt. Hatte begriffen, dass zu dieser Liebe häufig die Antwort fehlte. Das Echo. Die Reaktion. Die Erfüllung der in sie gesetzten Erwartungen. Dass es offensichtlich einen Zusammenhang gab zwischen dem Standort des Liebenden und dem Standort derer, welche die Macht haben, diese Zuneigung zu vermitteln, sichtbar zu machen oder zurückzuweisen

Ein albanischer Übersetzer als Lotse ins Herz der kontinentalen Reichtümer? Das galt wohl immer noch als exotische Behauptung. K. war in Deutschland nie wahrgenommen worden als der Brückenbauer, der er sein wollte und der er war. Im selben Jahr, als K. sein Leben beendete, wurde auch die Bibliothek wieder geschlossen. Es fehlte an Geld und dem Willen, sie zu erhalten. Auf meiner Karte steht sie jedoch eingetragen als *Die verschwundene Bibliothek*. Für mich ist sie immer noch da, in einer unsichtbaren Anwesenheit. So wie die Erinnerung an Ardian K.

Orte und ihre Geschichten verschwinden nicht ohne weiteres.

Als die Eröffnungsfeier vorbei war, ging ich noch einmal zurück in die Bibliothek, da ich meine Tasche auf einem Stuhl vergessen hatte. Zum ersten Mal stand ich allein in dem Raum, der sich mir zuerst als fast leere Bibliothek gezeigt hatte. Es roch noch nach Sekt und Wein. Die Gläser waren bereits verschwunden. Die Verwalterin hatte auch die alten, metallbeinigen Stühle wieder an ihren Platz gerückt.

Ich griff nach der Tasche und blieb noch einen Augenblick stehen in der dunklen Stille des Saals. Draußen hörte man Autos vorbeifahren, die Stimmen von sich unterhaltenden Menschen. Allein für diesen Moment hatte sich die Reise gelohnt. Umgeben von Büchern in einem fremden Land zu stehen und etwas Vertrautes zu empfinden. Das Prinzip des Lesens als Hoffnung. Als Navigation, die tief in einem angelegt ist. Hätte ich mir eine lange Reise wünschen können, dann wäre es die endlose Versammlung solcher Augenblicke des Innehaltens in menschenleeren Bibliotheken gewesen.

Am nächsten Morgen zeigten mir Freunde einige der Moscheen in der Stadt. In kleinen engen Holzregalen fanden sich auch hier Bücher, zwischen denen Lücken klafften.

In der Et'hem Bey Moschee setzten wir uns auf die ausgelegten Teppiche und bemerkten, dass im Hintergrund ältere Männer laut redeten und lachten. Ein junger Albaner sagte zu mir, dass der Islam im Land nicht so bitter ernst genommen werde wie in anderen Ländern. Man ehre die Religion, aber ohne Fanatismus. „Ein Geschenk der Osmanen. Irgendwie ist es sanft geblieben."

Während sich die anderen draußen wieder ihre Schuhe anzogen, blieb ich noch einem Moment auf dem weichen Teppich sitzen. Meine Füße waren noch kühl vom Wasser aus den Becken draußen im Vorhof. Das Sonnenlicht drang gedämpft und wie durch die Membranen einer Bienenwabe gefiltert in den Raum. Ich hörte den Sprachlauten des Albanischen zu, den weichen Rundungen im Klang, die wie glattgeschliffene, über die Zunge rollende Kieselsteine hörbar wurden. Dann ging ich nach draußen.

In einer Seitenstraße unweit des Skanderbeg-Platzes sah ich in einem Hinterhof eine geöffnete Garage, in der ein Tisch aufgebaut war. Es roch nach warmem Pizzateig. Beim Näherkommen bemerkte ich, dass sich im Hintergrund der Garage ein halbrunder Ofen befand. Ein älterer Mann mit grauen Haaren rollte schnell und geübt Teigfladen aus. Eben wurde ein neuer ausgewalzt. Er drehte ihn zwischen den Händen, warf ihn kurz in die Luft, warf ihn wieder auf den Tisch. Formte ihn zu einem flachen Rund und schob ihn dann mit einem angerußten Holzuntersatz über das Feuer. Nach wenigen Minuten zog er die Pizza heraus, griff in verschiedene kleine Töpfe mit scharfen Gewürzen. Bestreute und berieselte den heißen, mit Käse, Tomaten und Wurststücken belegten Teig. Sodann gab er sein Werk auf das Anrichtebrett. Ich zögerte nicht und bestellte mir eines dieser warm-luftigen Meisterwerke. Die Pizza schmeckte nach Rosmarin, Thymian, Oregano. Dazwischen mischten sich scharfe, unbestimmbare Aromen. Der Junge lachte, als er mein erstauntes Gesicht sah. Er sagte, sein Vater hätte das Pizzabacken in Italien gelernt. Es sei jedoch zweifellos eine albanische Pizza. Mit Gewürzen aus der Heimat.

Mir fielen die Bilder der mit Menschen überfüllten Dampfer ein, mit denen in den neunziger Jahren Flüchtlinge aus allen Teilen des Landes über die Wasserstraße von Otranto nach Italien gekommen waren, zu der Zeit auch „Kanal der Tränen" genannt. War der Vater eines jener stummen Gesichter gewesen, die auf den Schiffen in Richtung der Häfen geblickt hatten? Fast eine halbe Million Menschen hatten damals das Land verlassen.

Jedenfalls schmeckte die Pizza ausgezeichnet. Der Mann verstand sein Handwerk. Er rieb sich die weißgepuderten

Hände an der Schürze ab und widmete sich dem nächsten Teigballen. So erzählte selbst noch so ein einfaches Gericht wie dieser Teigfladen etwas von den Wanderbewegungen und zurückgelegten Wegen auf dem Kontinent.

Einen Tag später, in der Flussschlucht nahe Berats, aß ich die aus der Stadt mitgenommenen Fladenbrote mit Fleischfüllung. Am nächsten Tag schwamm ich an der Küste vor Himara an einem kleinen Strand bis zu den schroffen, vor dem Ufer liegenden Felsen. Ich streckte mich im Wasser aus mit einem sonderbaren Freiheitsgefühl. Das Meer glitzerte im späten Nachmittagslicht. Es waren kaum andere Schwimmer da. Auf der Wasserfläche lag ein milchiger Glast. Hier sein zu können, ohne Einschränkungen, war ein Privileg, ein durch die Zufälle der Herkunft ausgelöstes Glück. Es dauerte Stunden, ehe ich bereit war, den Strand zu verlassen.

In der Bibliothek hatte ich nach meiner Lesung gesagt, wie schön es wäre, wenn viele der Gäste auch bald einmal die Bibliotheken der Stadt, in der ich lebte, besuchen würden. Wenige Augenblicke nach der Lesung erklärte mir eine Konsulatsmitarbeiterin, dass sie nicht unhöflich sein wolle, aber die Einladung, die ich ausgesprochen hätte, sei unzulässig. „Es kann nicht jeder einfach zu uns kommen. Das Land ist noch kein Mitglied der Union. Das sollten Sie bedenken, ehe Sie öffentlich solche Sachen sagen."

Offensichtlich hatte sie sich in ihrer Rolle und Aufgabe nicht erkannt gefühlt. Die große Idee von Europa als dem Raum des grenzenlosen Reisens und Sich-Begegnens war ein Tuch, in dem ein paar Merkknoten eingeknüpft waren. Erinnerungen an die Tatsache, dass das große Versprechen vorerst nicht für alle galt. Dass es Einschränkungen gab. Ausnahmen, Regelungen. Mit gutem Recht. Mit Begründungen. Wie sollte man aber diese Freiheit verstehen, wenn sie ein *Gefühl für Privilegierte* war? Wenn das Betreten eines Strandes und das Verlassen eines Strandes gänzlich anderen Regeln folgte? Selbst für die Europäer.

In der Küstenstadt Saranda sah ich das Hotel wieder, in dem ich mit Marthi übernachtet hatte. Neue Stühle und Tisch standen in der Lobby. Zudem gab es große Fernsehbildschirme, welche unentwegt Nachrichtensendungen mit schnellen Schnitten zeigten. An der Bar in der Lobby bestellte ich einen Kaffee und sah nach draußen auf den Hafen. An einer Busstation in der Nähe der Molen saßen Männer auf den Boden, rauchten Zigaretten und warteten auf die Ankunft der großen Reisebusse. Zwanzig Stunden zu fahren, um irgendwo Arbeit im Ausland zu finden, gehörte zum Alltag der Wartenden. Ihr ruhiges Sitzen war lange eingeübt. Mittlerweile gehören diese Arbeiter im Süden des Kontinents nicht mehr zu den gefürchteten Fremden. Andere sind gekommen. Menschen aus afrikanischen und arabischen Ländern haben die Angstmaske aufgesetzt bekommen. Die Albaner haben sich mit ihrer reisenden Geduld langsam in Ankommende verwandelt. In ihrem Sitzen versteckt sich eine Lehre: der Zeit und der Wiederholung etwas zuzutrauen. Nicht einmal Angst und Furcht halten dieser wuchtigen Bewegung stand.

In den Straßen Sarandas lag immer noch etwas von dem trüben, windigen Licht, das ich hier schon während meiner Reise mit Marthi nach Korfu gesehen hatte. Unübersehbar war jedoch auch, wie sich einige Straßenzüge durch kleine Eingriffe aufhellten. Ein neu angelegter Garten hier, eine frisch gestrichene Hauswand da. Das Land entwickelte sich und zugleich musste es vergessen (und vergaß), wie viele Landsleute für diese minimalen Schübe der Veränderung gekämpft und gelitten hatten. Ich versuchte mir

Ardian K. in dieser Straße vorzustellen, was er sagen und auf was er mich aufmerksam machen würde.

Noch ein Nachbild dazu.

Eine große Berliner Stiftung hat mich zu einem Gespräch für ein neues Buchprojekt eingeladen. Die Büros der Stiftung befinden sich am Pariser Platz. Die Fenster führen hinaus zum Brandenburger Tor. Unten auf dem Platz strömen Touristen vorbei. Mobile Wurstverkäufer und zwischendrin die mit Werbung überpflasterten Fahrradrikschas. Die Eingangshalle der Stiftung wird von einer privaten Sicherheitsfirma bewacht. Das Foyer ist glatt und sauber. Der Boden glänzt wie eine spiegelnde Fläche. Während des Gesprächs wird Kaffee getrunken. Vage Absprachen werden getroffen. Das Gespräch fließt ruhig dahin. Mir fällt auf, aus dem Fenster blickend, dass das geschichtsträchtige Tor mit dem erstarrten Streitwagen, von der Seite aus betrachtet, noch massiver und wuchtiger wirkt als wenn man davorsteht. Beim Verabschieden hole ich meine Jacke aus dem Flur. Eine junge Frau tritt aus einem der Büros und stellt sich kurz vor. Der Nachname ist mir vertraut, doch ich kann ihn nicht sogleich zuordnen. Der Stiftungsvorsitzende nickt mir lächelnd zu. „Frau K. ist unsere Volontärin. Sie kommt aus Albanien." Es stellt sich heraus, dass sie die Tochter von Ardian K. ist, die seit kurzem in der Stiftung arbeitet.

Wir sind beide verlegen, als ich erwähne, dass ich ihren Vater in Tirana in der Bibliothek kennen gelernt hatte. Bei der Nennung seines Namens blickt sie kurz zu Boden, dann lächelt sie abermals und weiß nicht, was sie sagen soll. Sie verabschiedet sich und setzt sich wieder vor ihren Computer. Die Treppen ins Foyer hinuntersteigend, höre ich in mir den Satz: Einer beginnt und andere gehen für ihn weiter. Und dazu die Antwort: Es stimmt und es stimmt nicht.

Vierter Ort: Hay-on-Wye und die Republik der Bücher

Das Haus, in dem ich für ein paar Tage wohne, gehört einem Psychologen, der in Cardiff arbeitet und ein Gästezimmer vermietet. Er ist um die Vierzig, füllig, gesprächig. Vor dem Hintergrund der blau gekachelten Küchenzeile bereitet er mir das Frühstück zu. Rühreier mit ölglänzenden, schwärzlich angebratenen Speckstreifen, die er sorgsam aus einer Pfanne auf einen weißen Teller wirft. Er erzählt nur wenig von seiner Arbeit – „Ein Job wie jeder andere" –, weiß jedoch ausführlich seine Leidenschaft fürs Kochen und Essen zu preisen. „Es ist ein Unterschied, ob man über englische Küche spricht oder über walisische Küche. Und was für ein Unterschied!" Seine Hände liegen am Pfannengriff wie an einem Stock, mit dem energisch die Richtung des Gespräches gewiesen wird.

Um seine Beine läuft unentwegt ein kleiner, braun-weiß gescheckter Hund. Ich habe rasch verstanden, dass diese Art von Frühstück meinen Magen ruinieren wird. Sobald der Psychologe außer Sichtweite ist, werfe ich dem Hund die dicksten Speckstreifen zu. Wir verwandeln uns in Komplizen. Ich bilde mir ein, etwas von dem abgeworfenen Fett an seiner Schnauze glänzen zu sehen und hoffe, dass mich dieses Indiz nicht überführen wird.

Paul kann es kaum fassen, dass ich das erste Mal in Hay-on-Wye bin, einem kleinen Dorf in Wales, das sie „das Bücherdorf" nennen. Auf Walisisch wird es *Y Gelli Gandryll* genannt. Kaum zweitausend Menschen leben hier. Die Straßen sind eng und verwinkelt. Hügel ringsum. Im Frühling sind in einigen Gärten kunstvoll zurechtgeschnittene Bäume zu sehen, Blumen quellen aus Töpfen. Es herrscht eine gepflegte Sauberkeit, der zugleich etwas

Starres anhaftet. Von einem Besuch bei Verwandten in London kommend, verbringe ich hier zwei Tage. Du musst Hay sehen, hatten sie gesagt, die Bücher, die du dort finden wirst, kommen aus allen Teilen der Welt. Du wirst einen Ort sehen, der dir gefällt und der zu deiner Reise passt.

Und wirklich: Nach London sind diese engen, sich an die Häuser schmiegenden Gärten wie etwas Unwirkliches, als müsste sich das Auge erst wieder daran gewöhnen, dass es eine solche Fülle an Farben, Blüten, Steinpfaden und grünem Ineinanderwachstum gibt. Man übt sofort ein langsameres Gehen auf solchen Pfaden ein; indes erscheinen mir in diesem Moment die von Schildern geführten Schrittbahnen durch Flughafenhallen wie eine Wüste, die man eigentlich nie wieder betreten will (nur um abzuwarten bis das elektrisierende Sehnsuchtsgefühl genau nach dieser überbordenden Anonymität und Maßlosigkeit erneut nach dir greift, manchmal gerade dann, wenn du wähnst, dich in einer Stille-Welt eingerichtet zu haben).

Paul erzählt mir, wie in den siebziger Jahren des 20. Jahrhunderts der Buchhändler Richard Booth das Königreich Hay-on-Wye ausgerufen hatte. Ein Königreich der gebrauchten Bücher und des Lesens. Mehr als vierzig Antiquariate befinden sich in dem Dorf. Überall sind sichtbare wie unsichtbare Buchregale vorhanden. Mit Büchern vollgestopfte Läden, Truhen und Auslagen. Freistehende Regale, Kisten und in Häusern verborgene Sammlungen. Überall quellen Buchrücken und Broschüren hervor wie wild wuchernde, sich ständig vermehrende Pflanzen. Ein pittoreskes Dorf des Lesens. Ein Ort, in dem man Glück empfinden könnte, würde man nicht nach einer Weile verstehen, dass die Fülle zugleich Ausdruck einer sonderbaren Leere und Öde ist.

Paul empfiehlt mir einige Antiquariate, beschreibt mir genau, wie ich sie finden kann und sieht die Öffnungszeiten nach. Er selbst besitzt nur eine kleine Bibliothek. „Ich leihe mir die Bücher lieber von Freunden aus. Sonst stehen sie nur herum und man wird schwermütig, weil man ständig vor Augen hat, was man noch lesen will."

Ich streife durch das Dorf. Ein Bus mit Touristen hält neben mir. Die herausdrängenden Besucher heben ihre Kameras in die Höhe und fotografieren die bekannten Motive des Dorfes. Bücher über Bücher, die der Welt wie seltsame Mollusken in einem Aquarium präsentiert werden. Es beginnt leicht zu regnen. Die Touristen holen kleine durchsichtige Kopfbedeckungen aus ihren Taschen. Der Pulk zieht von Auslage zu Auslage und lauscht den Erklärungen der Reiseleiterin, die offensichtlich schon viele Male Menschen die Geschichte des „Königreichs Hay" erzählt hat.

Der Buchhändler Richard Booth war am 1. April 1977 als König verkleidet vor die britische Presse getreten. Mit Hermelinrobe, Krone und Reichsapfel angetan. Ein Clown, ein Zauberer und ein Marketinggenie. Feierlich und laut hatte er die Abspaltung Hays vom Vereinigten Königreich sowie den Austritt aus der Europäischen Gemeinschaft erklärt. Die Journalisten hatten sich um seine Idee eines Bücherkönigreiches gerissen und seine Staatsgründung in hunderten Artikeln und Sendungen verbreitet. Einige Lokalpolitiker waren von dem ausgelösten Wirbel so beunruhigt, dass sie Erklärungen abgaben, man dürfe das keineswegs ernst nehmen. Es gebe keine politischen Veränderungen in der Gemeinde. Hay gehöre immer noch zu den Britischen Inseln.

Booth hingegen, der am Tag der Staatsausrufung sein Pferd zum Premierminister ernannt hatte, betonte später immer wieder, dass Hay nicht einfach ein Geschäftsmodell sei, sondern ein Versuch, Bildung zu demokratisieren. Seitdem waren immer mehr Menschen gekommen, hatten sich in vielen Ländern neue Bücherdörfer gegründet und die Gemeinde hatte ihren Namen in der Welt bekannt gemacht.

Durch die Gassen des Dorfes laufend, frage ich mich, warum sich Booth, dem das Demokratische offenbar am Herzen lag, damals nicht dafür entschieden hatte, eine „Republik der Bücher" auszurufen?

Das Royale oder vielmehr das Opernhafte des Royalen ist in Großbritannien allgegenwärtig. Im Seebad Brighton hatte ich wenige Tage zuvor selbst noch an einem heruntergekommen Kinderkarussell die Wappenverzierungen des Königshauses gesehen. Die Freude an Distinktionen und Unterscheidungen durchwirkt das Land wie eine zusätzliche Grammatik. Daher war es nur folgerichtig, dass in Hay aus einer Versammlung von Antiquariaten etwas Royales und Exquisites wurde. Eine Sonderzone. Etwas, das sich abhob von der gewöhnlichen Vorstellung von Räumen für Leser und Leserinnen.

Was wäre aber eine Republik der Bücher? Worin würde sie sich vom *Königreich Hay* unterscheiden?

Es dauert nicht lang und ich bemerke, dass ich den Ortsrand erreicht habe.

Mich umdrehend, sehe ich nur noch eine Versammlung von Häusern, Dächern, Masten. Ein walisisches Dorf an einem verregneten Vormittag. Hier, an dieser Eingangsschwelle, liegt der Ort, den ich auf meine Karte eintrage. Der Ortsausgang hinter Hay-on-Wye. Ein unspektakulärer Haltepunkt an einer Straße. Nur Asphalt. Ein paar Abschweifungen ins Grün einer Wiese. Eine imaginäre Zollstation für die Skepsis am Royalen, freilich durch die Augen eines zweifelnden Lesers gesehen. So sehr ich Bücher auch liebe: Das Königreich Hay gleicht einem Gefängnis für gedrucktes Papier. Eingehegt und umzirkelt, prunkend und lamentierend, zeigt es sich und ruft: Seht her, hier sind Bücher noch was wert. Keine Ausflüchte, keine Entschuldigungen: Das Königreich fordert Verneigung und Bewunderung.

Als man mich einmal in eine Schule eingeladen hatte, um mit Kindern über die Faszination des Lesens zu sprechen, hatte meine erste Frage an die Kinder gelautet: Habt Ihr Euch das Thema ausgesucht? *Die Faszination des Lesens.* Erwartbares Schweigen folgte als Antwort. Habt Ihr die Freiheit, auch zu sagen, dass Euch Bücher möglicherweise gar nichts bedeuten? Oder noch genauer: Nicht jetzt, nicht in diesem Moment und dieser Umgebung?

In einer Republik der Bücher könnten vielleicht die ersten Paragraphen der Verfassung so lauten:

Du musst nicht lesen.
Es ist eine Freiheit.
Niemand kann dich dazu zwingen.
Es ist dein Recht, nicht eine Zeile zu konsumieren.
Deine freie Entscheidung ist der oberste Wert.
Wenn du Vorbilder brauchst, wirst du welche finden.
Wenn du auf deine eigene Neugierde vertraust, ist das ein ebenso guter Weg.
Bücher sind keine Zootiere hinter Gittern.
Lass dir nicht einreden, was du lesen sollst. Empfehlungen machen nur Sinn, wenn du danach fragst.
Sorge dafür, dass Bücher nicht isoliert werden.
Manchmal macht eine Lektüre am Strand mehr Sinn als in einer Bibliothek.
Setze dich dafür ein, dass es nichts Besonderes ist, irritiert zu sein.
Kämpfe dafür, dass Bücher von einem Land in ein anderes gelangen können.

Erkenne in Büchern und Menschen Komplizen, Freunde.
Versuche zu verstehen, dass man alles lesen kann.
Dass jeder Ort geeignet ist.
Verzichte darauf, ein Königreich zu wollen.

Am Nachmittag kehre ich in Pauls Haus zurück. Sein Auto steht noch nicht vor der Tür. Nur der Hund ist da. Er bellt laut und durchdringend, als er meine Schritte hört. In einem der Antiquariate im Dorf hatte ich in einer prächtigen Bildbiografie über die jüdisch-amerikanische Schriftstellerin Gertrude Stein geblättert. Die Bilder, wie sie im Sonnenlicht in ihrem Haus im französischen Bilignin sitzt, der Hund Pepe zu ihren Füßen, und schreibt, konzentriert und doch scheinbar vollkommen gewahr, was das Tier um sie herum tut. Sie war zeit ihres Lebens vernarrt in Hunde gewesen. Als sie einmal gefragt wurde, was ihre Identität sei – Amerikanerin, Jüdin, Exilantin in Paris – hatte sie geantwortet: *Ich bin ich weil mein kleiner Hund mich kennt.*

Den an mir hochspringenden Hund füttere ich aus einer gelben Tüte mit *Dog Sticks*, die ich in einem Eckladen gekauft habe. Dann gehe ich in mein Zimmer und packe meine Sachen für die Abreise. Draußen leuchtet warmes Spätnachmittagslicht in den Garten. Vielleicht hat es mit der Fülle der in Hay gesehenen Bücher zu tun, aber plötzlich habe ich das Bedürfnis, meinen schwarzen Armeerucksack zu erleichtern. Ich stelle ein englisches Buch über die Revolution in Baden-Baden und eine Biographie Thomas Jeffersons, die ich in der Nacht beendet hatte, in das Regal von Paul, gleich in der Nähe der Küche.

Mir fällt, schon auf dem Weg zum Parkplatz, ein letzter Paragraph für meine erträumte Verfassung von Hay-on-Wye ein: *Lass die Bücher in dich hineinwandern.*

Fünfter Ort: Marienbad und der Astronaut im Nebel

Der Zugang zum Parkplatz ist verschneit. Das ehemalige Kurhaus steht auf einer kleinen Anhöhe, eng an den Wald gebaut. Die Bäume sind in dichtes Weiß gehüllt. Aus den geöffneten Fenstern des gedrungenen Anbaus, in dem sich ein Schwimmbad befindet, dringen Dampfschwaden nach draußen. An der Rezeption hängen Schwarz-Weiß-Fotografien. Menschen des 19. Jahrhunderts stehen wie auf einer Perlenschnur aufgereiht vor der alten Waldvilla. Mit bewegungslosen Gesichtern. Als ob der Fotograf gerufen hatte: Achtung, nicht lachen! Offensichtlich handelt es sich um ehemalige Angestellte des Kurbetriebs für Lungenkranke und Erholungssuchende.

Die tschechische Rezeptionistin scheint meinen Mund zu beobachten, während ich nach dem Zimmer frage. Nachdem sie einen Blick in meinen Ausweis geworfen hat, entschuldigt sie sich, dass sie nicht gleich Deutsch mit mir gesprochen hat. Dabei hatten wir uns bereits mehrere Minuten lang auf Englisch unterhalten. Ich komme mir seltsam vor, nun wie selbstverständlich ins Deutsche zu fallen.

Sie gibt mir die Schlüssel für das Zimmer im Nebenhaus. Der Fahrstuhl gleicht den Lifts in großen Metropolenhotels. Lautlos gleitet er nach oben. Das Drücken auf die Tasten lässt kaum ein Klicken vernehmen.

In meinem Zimmer befinden sich Bilder mit japanischen Kieselsteinkegeln an der Wand. Grüne verschwommene Flüsse im Hintergrund. Die Fenster führen hinaus auf die Waldseite. An den schlanken Baumstämmen hängen kleine Schneeinseln. Als hielten sie sich dort mit frostigen Fingern fest. Ich klappe meinen Computer auf. Nicht nur meine

Kontinentskizze treibt mich her. Ein Text für eine Anthologie soll zu Ende geschrieben werden. Ich bin aus Berlin geflüchtet, weil mir kein Ende einfällt, keine abschließende Form. Ich will einige Tage Schnee sehen und den dauernden Blick in die endlosen Straßenzüge der Großstadt abschütteln. Ab und zu hört man unten von der Straße das Geräusch eines sich durch den Matsch quälenden Wagens.

Wenig später im Kurpark Marienbads: eine Versammlung von Schneeverwehungen, aus denen hier und da die alten Laternenpfähle hervorschauen. Besucher gehen durch die langen leeren Kolonnaden zum Brunnenhaus, in dem salzig-warmes Wasser aus den Hähnen fließt. Als ob nochmal das Kurflanieren des 19. Jahrhunderts nachgespielt werden soll, bieten Läden in hunderten Formen und Größen Schnabeltrinkgefäße aus Porzellan an, aus denen man das heilsame Wasser schlürfen kann.

In dick gepolsterten Winterjacken stehen die Besucher vor den spiegelnden Armaturen und saugen an den gebogenen Mundstücken, etwas unsicher, ob sie nun auch, wie auf den überall ausgestellten Bildern zu sehen, jene ernsthafte Form des Umherwandelns der alten Kurgäste nachahmen sollen. Sie entscheiden sich fürs Stehen und Fotografieren. Die meisten Kinder zeigen enttäuschte bis angewiderte Gesichtszüge, sobald sie von den bitteren Brunnenwassern gekostet haben.

Am Ende der Kolonnaden befindet sich hoch oben im Gewölbe ein beleibter Astronaut. Besser: Kosmonaut, wie es hinter dem Eisernen Vorhang hieß. Tschechische Maler, offenbar der kommunistischen Regierung treu ergeben, hatten ihn in den siebziger Jahren des 20. Jahrhunderts, bei der Renovierung der Decken, zwischen anderen mythischen Gestalten, welche in weite Gewänder eingehüllt neben ihm schweben, hineingemalt.

Sein weißer Anzug umschließt ihn wie ein Kokon. Um den Körper herum fließt ein wehendes Band. Es verbindet ihn wie eine Nabelschnur mit dem funkelnden Kosmos im Hintergrund. Sein Gesicht zeichnet sich schwach durch das Helmglas ab. Sieht man genau hin, kann man ihm ein zaghaftes Lächeln entlocken. Endlich sehe ich ihn wieder. Schon als junger Mann, als ich zum ersten Mal hierhergekommen war und wenig Interesse für Historisches hatte, war er mir aufgefallen und hatte er mir zugeblinzelt, kameradschaftlich, eine Gestalt, die ich schon lange zu kennen glaubte.

So wie er waren in den Büchern meiner Kindheit die Helden des Weltraums gezeichnet. In ihren weißen Anzügen schwebten sie jenseits der Mauern und Grenzen, welche uns Kinder vor den Feinden schützen sollten und uns zugleich fürsorglich gefangen hielten. Jedoch: Auch die mit ihren Raumschiffen aufsteigenden Helden waren nicht frei, nicht ungebunden. Sie hatten die Aufgabe, den großen revolutionären Kampf der Arbeiterklasse in den Tiefen des Weltalls fortzusetzen. Vielleicht in der Zukunft irgendwann Kolonien dort oben zu gründen. Möglicherweise mit neuen Mauern und Grenzanlagen.

Nun, den Kopf nach oben in Richtung des Nebels gerichtet, sehe ich den Astronauten an und denke: Du bist ein Übriggebliebener. Ich stelle mir vor, dass er, von einer langen Reise zurückkehrend, eines Tages auf der Erde landet und feststellt: jene, die mich geschaffen und ausgesandt haben, gibt es nicht mehr. Aus dem Zukunftsmenschen wird plötzlich eine Witzfigur. Ein Staatenloser. Einer, dem nur noch das Staunen bleibt.

Ich gehe zurück in die Stadt. In einem mit Goldstuck-Spiegeln verzierten Hotelrestaurant in der Nähe des Kurparks bestelle ich ein Mittagessen. In Böhmen findet sich zuweilen auf den Speisekarten noch das alte deutsche Wort „Gabelfrühstück". Eine Mahlzeit, die zwischen Frühstück und Mittag eingenommen wird. In dem Wort prangt die Gabel geradezu hervor. Wie ein Instrument, welches nicht bereit ist, sich irgendetwas entgehen zu lassen, stochernd und krallend in den vorgelegten, üppigen Köstlichkeiten. Das Marienbad vor den Fenstern des Hotels ist ein Aquarium gefrorener Zeit. Wie ein starres Glasbild wirkt das Kurzentrum mit den mächtigen Hotelpalästen, den Teesalons und den durch die Parks mäandernden Wegen.

Am Nachmittag mache ich einen Spaziergang durch die Außenbezirke der Stadt. Entgegen meiner Befürchtung wirkt der Anblick der weitflächigen Parkplätze, Supermärkte und Tierfutterhandlungen wie ein Aufatmen. Vielleicht liegt es an den riesenhaften tschechischen Buchstaben auf den Werbeplakaten, an der Art und Weise, wie die Menschen, die Betonflächen passierend, in ihre Autos steigen, sich Dinge zurufen, dass ich das Gefühl habe, aus einem Zeitloch herauszusteigen. Ein tschechischer Nachmittag, unverborgen. Unverwechselbarer Alltag. Wagen aus den bayerischen Grenzstädten halten an. Die Besucher aus den Nachbarländern gehen aneinander vorbei, jeweils den Interessen ihres Tages folgend. Keine Begegnungen, die nicht aus dem Notwendigen kommen. Nirgendwo anwesend das schreckliche Wort *Dialog*. Oder, noch verbrauchter und missbrauchter: Austausch. Die Dinge geschehen, wie sie geschehen. Die Hässlichkeit des Parkplatzes ist einfach anwesend. Ich kaufe mir Zeitungen, ein Duschgel und sehe durch die hell erleuchteten Scheiben der Marktdrogerie, wie schnell es draußen zu dunkeln beginnt.

Auf dem Rückweg ins Hotel spaziere ich noch einmal durch die Kolonnaden. Das Gesicht des Astronauten ist in der Dämmerung nicht mehr zu erkennen. Nur der weiße

Raumanzug ist noch umrisshaft sichtbar. Der dort oben an seiner Nabelschnur Schwebende gehört auf meine europäische Karte. Obgleich ich keine Erklärungen geben kann, warum. Er ist aus der Zeit gefallen und: fällt noch. Vielleicht ist es das, was das Vor-ihm-Stehen zu einem Ort macht.

Während ich im Hotelzimmer meine Tasche auspacke, fällt mir ein Nachmittag aus der Zeit ein, als ich noch als Journalist gearbeitet hatte. Irgendein Jahrestag zum Fall der Mauer wurde gefeiert. In der Redaktion saßen die Redakteure an einem großen Tisch zusammen und überlegten verzweifelt, mit welchen Geschichten man dem Datum und der Erinnerung eine frische, überraschende Seite abgewinnen konnte.

Mein Vorschlag lautete, mich auf die Suche nach dem Schriftsteller Carlos Rasch zu begeben, der irgendwo vergessen in der ostdeutschen Provinz lebte. Ein alter Mann, der schon lange nichts mehr veröffentlichte. Er war in der Deutschen Demokratischen Republik bekannt geworden als Autor von Science-Fiction-Romanen. Wenn ich in Antiquariaten auf seine Bücher stieß – fast immer waren auf den Covern geheimnisvoll dampfende Spiralnebel und bläuliche Staubwolken zu sehen –, faszinierte mich der exotisch klingende Vorname *Carlos*. Ein eingeschleuster Spion meiner Phantasie, ein Zeuge fürs Aufsehenerregende. Der Name klang nach Welt und Erfahrung außerhalb der Enge des so wenig schillernden, untergegangenen Staats. Die Redakteure nippten an ihren Kaffeetassen und schienen kaum interessiert.

Im Jahr 1963, zwei Jahre nach der Errichtung der Mauer, hatte Carlos Rasch einen merkwürdigen Roman mit dem Titel „Der blaue Planet" veröffentlicht. Er hatte darin etwas ausgedrückt, was mir immer wie ein freches Lächeln erschienen war.

Die Raumfahrer des Buches legen weite Strecken im All zurück. Sehen draußen das Dunkel des Kosmos, welches sie in der Enge des Raumschiffs umhüllt. Sie berechnen die Strecke, die sie bereits hinter sich gebracht haben, und plötzlich überfällt sie Raumangst. Dieses Wort nennt Carlos Rasch wieder und wieder: *Raumangst.*

Die kosmische Freiheit macht die Raumfahrer panisch. Wie eine plötzliche Erkenntnis überfällt sie das Bewusstsein, dass es keine Grenzen um sie herum gibt. Und niemals geben wird. Keinen Endpunkt. Keinen Halt. Das sich ausdehnende Universum zieht sie unaufhaltsam weiter ins Offene, Unbestimmte.

Während sich in der kleinen kommunistischen Republik, in der das Buch erschien, die Grenzen immer enger um die Menschen zogen, sichtbare wie unsichtbare, flogen die Gestalten Raschs in kosmische Weiten.

Viele Bewohner des Landes begannen damals, in der Republik reale irdische *Raumangst* zu empfinden. Sie erkannten, dass ihnen nur ein schmaler Raum blieb, in dem sie ihre Lebensvorstellungen verwirklichen konnten. Hatte der junge Carlos Rasch im Jahr 1963 nicht eine ironische Wahrheit zum Ausdruck gebracht? Gefangen zu sein, in einer Blase zu treiben, keine eigenen Entscheidungen treffen zu können, weitermachen zu müssen, bis den Insassen die Raumangst bis an den Hals stieg? Der Kosmos als Bild für Ausweglosigkeit?

Die Redakteure hatten schließlich abgewunken. Zu speziell. Zu kompliziert. Was willst du mit der Geschichte eines alten Mannes, der nicht mehr schreibt und irgendwo im Brandenburgischen zwischen seinen Enkeln im Garten sitzt und wahrscheinlich an alte Zeiten denkt? Ein Widerstandskämpfer war er auch nicht. Weltraumlyrik. Das ist nichts für die Feierlichkeiten. Da geht es um die Erinnerung an eine Revolution der Freiheit. Um Größeres.

Ich habe das nicht-geschriebene Portrait über den ins Unbekannte versunkenen Carlos Rasch nie vergessen. Unerledigt in einer Zeit, in der man dafür Sinn und Talent hatte. Vielleicht ist der Astronaut in den Kolonnaden Marienbads eine Figur aus der Welt des vergessenen Autors? Jemand, der das Schreckliche und das Komische kennt und daraus eine Geschichte machen kann.

Es ist Abend. Ich gehe über den vom Schnee freigeräumten Hof hinüber ins Schwimmbad. Eine kleine Halle mit nachtblauen Fliesen. Auf dem Boden des Beckens blinken die Steine eines Sonnenmosaiks.

Eine russische Familie ist mit mir im Bad. Der Mann schaltet die Saunakabine an. Seine Kinder toben im Wasser, während seine Frau mit geschlossenen Augen auf einer der blaugekachelten Steinbänke liegt. Das Flimmern des Wassers und die schwach beleuchteten Schneereste vor den großen Fenstern erzeugen in der Zusammenschau ein weiches, mattes Licht. Ich bin müde vom Herumlaufen zwischen den Stuckpalästen, dem stummen architektonischen Donner, den sie in das enge Talgefüge werfen. Mir ist immer noch kein Ende für den Text eingefallen, dessen Abgabe wie eine Drohung vor mir steht. Schwimmend kann ich das Nachdenken unterbrechen. Das plötzliche Geschenk von Bewegungen: eine Bahn hin, dann wieder zurück. Zeit gewinnen. Fühlen, was die Fingerspitzen fühlen.

Der Russe lässt sich ins Becken fallen. Auch er krault einige Bahnen. Beim Auftauchen schüttelt er den Kopf und streicht sich das Wasser aus den Haaren. Seine Kinder antworten ihm mal auf Russisch, mal auf Deutsch. Manchmal vermischen sie die Sprachen mitten im Satz. Als ich aus dem Becken steige, winkt der Russe mir zu.

Er fordert seine Kinder auf, in der engen Saunakabine einen Platz freizuräumen. Sein Handtuch über die Knie legend, erzählt er, dass er aus Moskau stamme. Er fahre in Berlin Taxi. Tschechien könne er sich gerade noch leisten. In Deutschland hätten sie außerdem grundsätzlich etwas gegen Familien. „Die Familie ist das Wichtigste. Wenn deine Leute unzufrieden sind, hast du ein Problem."

Er nimmt die Holzkelle und lässt Wasser auf die zischenden Steine rieseln bis die bedrängend heiße Luft die Kabine erfüllt. Ich frage ihn, wo er in der Stadt seine Touren fährt. „Eigentlich überall. Nur nicht so gern in Lichtenberg. Da steigen die Araber ein. Die Moslems regeln alles über Kontakte und Geld. Bald kommen die Afrikaner. Dass es bei uns in Europa besser ist als bei denen, ist doch nicht ohne Grund so. Man muss nur abwarten, dann haben wir die gleichen Verhältnisse wie dort."

Ich versuche, das Gespräch auf ein anderes Feld zu lenken. Frage ihn, ob er den Astronauten in den Kolonnaden gesehen habe. Er beharrt darauf, dass ich eine Meinung haben müsse. Ich betrachte seine dunklen Hände und versuche mir vorzustellen, wie sie auf dem Lenkrad des Taxis liegen. Ich frage ihn, ob er sich als Russe in Deutschland nicht auch manchmal fremd fühle. Es sei doch eine Erfahrung von vielen. „In diesem Land arbeite ich, zahle Steuern. Ich passe mich an. Darauf kommt es an."

Angepasst zu sein, war mir immer als eine Zumutung erschienen. Etwas, dem man zu Zeiten nicht entgeht, dem man aber nicht zustimmt. Höchstens mit der innerlich halbherzig vorgetragenen Begründung, es sei eine Notwendigkeit. War das eine staatsbürgerliche Tugend, angepasst zu sein? Die Frage erspare ich ihm. Einen letzten Versuch wage ich, ihm von dem Astronauten in den Kolonnaden zu erzählen. Dass es ja im eigentlichen Sinne kein

Kunstwerk sei, aber doch etwas Besonderes in der Stadt, eine Art Scherz, ein Spiel mit den Besuchern. Er antwortet mit dem Anstieg der Kosten für sein Auto. Wir beenden den Aufenthalt in der Kabine.

Wieder denke ich an das Wort *Raumangst*. Hatte sie auch den russischen Taxifahrer wie so viele andere befallen? Die Angst vor unsichtbaren Bedrohungen in der Zone, in der man sich aufhält. Dass etwas sich verändert. Unausweichlich anders wird, als es ist. Das plötzliche Durchspielen aller denkbaren negativen Möglichkeiten, der Gefahren, die aus einem imaginären Dunkel auftauchen und die Gedanken durcheinanderbringen. Ließ sich diesem Gefühl etwas entgegenstellen? Ein Wort wie *Raumfreude* vielleicht? Wie schwach und künstlich klingt das! Obgleich es zweifellos eine kostbare Freiheit beschreibt. Sich frei bewegen zu können, vorbeigehend an anderen, zufälligen Menschenkonstellationen, und dabei Freude empfinden, besser noch: Zufriedenheit. Ich kann unterwegs sein und die Straßen betreten, die meine Neugierde erregen. Ich bin nicht auf Schritt und Tritt auf eine Erlaubnis angewiesen. Liegt darin nicht eine grundtiefe Freude? Der Russe klopft mir auf die Schulter. „Alles gut. Es ist ja Urlaub."

In meinem Hotelzimmer entscheide ich mich dafür, dem Verlag eine Nachricht zu schreiben, dass ich eine Verlängerung für den Text brauche. Auf dem Bett liegend, schalte ich mit der Fernbedienung durch die tschechischen Fernsehsender. Wie ähneln sich mittlerweile in Europa die Nachrichtenstudios. Die akkuraten Kurzhaarfrisuren der *anchormen*. Ihre kreuzgerade aufgerichteten Schultern. Die sauberen, nur auf Bauchhöhe gestikulierenden Hände. Abwesend jedwede Irritation in ihren Gesichtern.

Wie Wellen schieben sich hinter den Sprechern die immer größer werdenden Bildwände an das Auge heran.

Das fließende Plasma der weichen, in Wirklichkeit brutalen Bilderströme und ihrer blitzenden Adern. Wäre da nicht die Sprache, der Sound des *Anderen*.

Auf meinem Telefon ist ein Programm installiert, welches gesprochene Fremdsprache zügig ins Deutsche übersetzt. Bislang habe ich das Programm nur wenige Mal benutzt. Es überträgt auf erstaunlich präzise Weise den Sinn von Worten und Sätzen. Nicht aber die Aromen, Farben, Düfte und Klänge einer Sprache. Wie beispielsweise des Tschechischen. Ein Wort wie *Východ* für Ausgang. Zu finden auf jedem tschechischen Bahnhof. Irgendwo am Ende eines Gleises. Es kann aber auch der Ausgang aus etwas Bedrückendem sein, ein Ausweg. *Východ*. Ich bilde mir ein, die Nachrichtensprecherin hat es gerade benutzt. In den schnellen Sprechkaskaden ist es aufgeblitzt.

Draußen hat es wieder zu schneien begonnen. Im Licht der Außenbeleuchtung wird der fallende Schnee sichtbar. An den Baumstämmen verdichten sich die eiförmigen weißen Inseln. Ich sehe mir auf meinem Computer einen Film von Nanni Moretti an. Die Augen werden mir schwer. Die erschöpfte Tochter spricht minutenlang mit ihrer kranken Mutter, einer ehemaligen Universitätsdozentin. Für jedes Wort der Tochter, gespielt von der wunderbaren Margherita Buy, hat die Mutter, in einem Krankenhausbett liegend, Verständnis. Sie hört zu. Sieht die Tochter an. Nickt. Streichelt ihr die Hand. Hört zu. Vielleicht liegt es an der deutschen Synchronisation, dass ich müde werde. Der Singsang der Stimmen lullt mich ein.

Gegen meine Gewohnheit lasse ich den Film neben mir auf dem Bett weiterlaufen. Ein letzter Versuch vor dem Schlaf, der alten, mich bedrängenden Welt Marienbads etwas entgegenzusetzen. Doch dann reißt mich noch einmal eine Wendung des Films aus der Müdigkeit. Die Mutter stirbt. Die Tochter spricht mit alten Weggefährten, mit Studenten und Studentinnen, welche die Mutter unterrichtet hatte und die nun in ihren mittleren Lebensjahren angekommen sind. Sie erinnern sich, in der Küche der Tochter sitzend, wie die Mutter auf einem Ausflug getanzt hatte, wie sie sie in Rom manchmal auf eine Tasse Kaffee besucht hatten. „Ich konnte mit Ada über alles reden. Arbeit, Kinder, Politik." Die Tochter hört zu, geht später in das Arbeitszimmer der Mutter und schiebt, nach einem kurzen Zögern, ihren Arbeitsstuhl an den Tisch heran. Eine sanfte Abschiedsgeste. Plötzlich sieht man noch einmal in einer Rückblende die Mutter im Krankenbett. Nur ihr Gesicht. Sie schaut aufmerksam hinüber. Man hört die Stimme der Tochter, die fragt: „Mama, woran denkst du?" Die Mutter sagt, fast ein wenig erschrocken: A domani. An Morgen.

So endet der Film.

Sechster Ort: Kufstein und die stillstehenden Weltzeituhren

„In der Geschichte hielt ich ein Referat über Paneuropa. Ich war ganz dafür. Der Schulrat war ganz dagegen. Niemand hatte mir gesagt, dass Schulräte – heute wären sie's wohl nicht mehr – gegen Paneuropa waren, und sicher hätte ich's auch trotzdem getan. Er gab mir eine schlechte Note. Ich trug an dem Unglückstag ein sanft-dunkelblaues Seidenkleid mit weißem Spitzenkragen. Es war ein taubensanftes Blau, das den Namen von Patou, dem damaligen Dior, trug. Die Seide war sehr dick und hatte Härchen wie ein Fell. Ich habe nie wieder ein derartiges Kleid gehabt. Ich sage das nur, weil ich das Kleid zerriss, vor Wut und Kummer zerriss, sowie ich nach Hause kam."

Diese Zeilen schrieb die Dichterin Hilde Domin im Jahr 1962. Sie stehen in ihrer kleinen Selbstbiografie *Unter Akrobaten und Vögeln. Fast ein Lebenslauf.* Ein Kleid zerreißen, weil die Liebe zum kontinentalen Denken abgestraft wird, ist eine seltsame Form des Protestes gegen pädagogische Engstirnigkeit. Schülerhaft und ungewöhnlich doch.

Diesen Text der Domin sollen die Studierenden heute als erstes lesen. Ich fürchte ihr Kopfschütteln. Schon wieder etwas aus einer Vergangenheit, aus einer Epoche, die für sie so fern liegt wie mittelalterliche Klosterhandschriften, die Werke des Maimonides oder die Schriften Platons.

Ich sitze auf dem Balkon, die Füße auf dem Geländer, mit geschlossenen Augen das wärmende Sonnenlicht genießend. Hinter mir befindet sich das Zimmer 323 des Hotels, das nicht beim Namen genannt werden muss, um ein Ort zu sein. Ein von außen in tiefem Rot hervorleuchtendes Hotel in der Ortsmitte, Ausblicke von hier auf Schneegipfel und einen Thai-Imbiss neben der Verkehrsinsel. Es ist nicht nur der Hochschule wegen, dass ich in den Räumen des Hauses bis heute ein Gefühl vorübergehenden Ankommens empfinde.

Auf dem Pendling, dem Hausberg Kufsteins, liegt noch Schnee. Baulärm ist von den Dächern zu hören. Ich lege das Buch mit den Texten Hilde Domins zur Seite. Auf dem gegenüberliegenden Haus wird gerade ein Sendemast für Mobilfunkdienste errichtet. (Ist nie jemanden eingefallen, diesen abstoßenden Krakenmasten wenigstens äußerlich eine Form zu geben?) Einer der Bauleute wirft eine Zigarette nach unten. Von meinem Balkon aus sehe ich das Nachglimmen der Kippe im Schnee.

In einer Stunde werde ich wieder in dem mir seit Jahren vertrauten Seminarraum stehen. Ich habe für dieses Mal den zweifelhalten Ehrgeiz, etwas gegen die spöttische Abneigung der Studierenden gegen Gedichte zu tun.

In Kufstein besuchen fast ausschließlich österreichische und deutsche Studenten meine Kurse. Nur hin und wieder sind auch Ausländer unter ihnen zu finden.

Jedes Mal, wenn ich frage, wer sich in den letzten Monaten einen Gedichtband gekauft hat, werden es von Jahr zu Jahr weniger Hände, die sich melden. Insgeheim nenne ich es das *Schrumpfzählen*.

Zeilen aus Songs: ja. Ein Gedicht? Wenn es sein muss: eins. Dann aber weitergehen mit anderem. Kulturgeschichte des Pops. Die Erkundung digitaler Museen. Filme als die großen Erzählungen der Postmoderne. Vertrautes. Der Zukunft Entgegeneilendes. Die dazu gehörenden Erkenntnisse nachlesbar in Texten. Aber ein Gedicht? Für was ist das noch nützlich? *Ihre anderen Gebiete interessieren uns sehr viel mehr.*

Ich weiß, dass ich nur wenig Zeit für dieses Thema habe. Die Dichterin Hilde Domin hat keine Meisterwerke geschrieben. Das ist auch nicht wichtig. Ihre Gedichte brauchen Mut, wenn man ihre Türen aufstoßen will. Man muss sie laut lesen. Und in jeder Zeile die schmale Linie überqueren zwischen Gefühlen, die den Namen verdienen, und dem Kitsch, der auch in der Wahrheit lauert. Wie ein Flussgänger. Wie jemand, der jemand anderem sagt, was er für ihn empfindet.

Ich packe meine Tasche und gehe hinunter ins Foyer des Hotels. Mein Blick fällt auf die stummen Weltzeitverkünder, die ich seit der ersten Nacht, die ich vor einigen Jahren in diesem Haus verbracht habe, ansehe wie eine außergewöhnliche Attraktion, obgleich sie fast unscheinbar in Form und Aussehen an ihrem Platz hängen. Hinter der Rezeption sind die Uhren aufgereiht, welche die Zeit in unterschiedlichen Städten der Welt anzeigen. Tokio. New

York. Rio de Janeiro. Weltzeituhren in Kufstein. Meistens, wenn ich hierherkomme, stehen die Zeiger da, wo sie immer stehen. Die Weltzeit entscheidet sich fürs Stillstehen. Auf dem *desk* befindet sich ein silbernes Metallflugzeug, auf dem der Stift für die Anmeldeformulare liegt. Draußen auf der Straße empfängt mich helles Licht. Diese Uhren, denke ich, sind dein Ort hier, markieren deine Reise mit einer seltsamen Drolligkeit und Sturheit.

Die Hochschule liegt in einem offenen Park. Umgeben von Bäumen und einem Spielplatz. Wie auf einer Tuschzeichnung erheben sich im Hintergrund die heute in nebligem Weiß überhangenen Vorhügel der Alpen.

Die Studierenden kommen langsam in den Raum. Sie schließen die Fenster wegen der hereinziehenden Kälte. Ich verteile die Texte der Domin. Versuche mich an ein paar auflockernden Bemerkungen.

Eine Studentin fragt nach dem Lesen, was der Begriff „Paneuropa" bedeutet. Meint das den Vorläufer der Europäischen Union? Ja, sage ich, es ist eines der Worte, mit denen Menschen im 20. Jahrhundert den vagen Traum beschrieben, sich nicht mehr die Erkundung von gemeinsamen Erfahrungen ausreden zu lassen. Dann frage ich, ob irgendjemand bereit sei, das Gedicht „Bitte an einen Delphin" laut vorzulesen. Die Köpfe sinken nach unten, überfliegen das Papier.

Bitte an einen Delphin
Jede Nacht
Mein Kissen umarmend wie einen sanften Delphin
Schwimme ich weiter fort.
Sanfter Delphin
In diesem Meer von Herzklopfen,
Trage mich,

Wenn es hell wird,
An einen gütigen Strand.
Fern der Küste von morgen

Stille. Fast scheint das Gedicht so etwas wie Peinlichkeit auszulösen.

Plötzlich traut sich eine Studentin, das Gedicht vorzulesen. Sie liest es monoton und leise wie eine Gebrauchsanleitung für ein elektronisches Gerät. Es ist ihr offensichtlich unangenehm, sich so auszustellen. Delphin, Herzklopfen, o weh. Ihr Gesicht zeigt rötlich aufflammende Flecken. Ich sage, dass ich ihr dankbar bin für das Brechen des Eises. (Und merke sofort, wie wenig der Vergleich auf die Situation passt.)

In der Folge bitte ich darum, das Gedicht nochmal zu lesen. (Wobei es mir zugleich widerstrebt, irgendjemanden zu etwas aufzufordern.) Eine andere Studentin meldet sich. Sie solle versuchen, bitte ich sie, die Zeilen so vorzutragen, dass sie sich selbst glauben könne, was sie da liest. Pathos hin oder her. Sie versucht es. Zunächst zaghaft, unentschlossen. Dann wagt sie eine Pause. Mit einem Mal öffnet sich etwas. Die Pause zieht ihren Kreis. Sie liest weiter. Traut ihrer Stimme etwas zu, hebt leicht den Kopf.

Als sie bei *Fern der Küste von morgen* angekommen ist, hat sich etwas im Raum verändert. Es herrscht aufmerksame Stille. Einige Studierende applaudieren.

Die junge Frau setzt sich wieder. Sie lächelt verlegen, als sei es ein Dilemma, dass sie die anderen mit ihrem Vortrag offensichtlich erreicht und berührt hat. Ich frage, was die Zuhörenden über das Gedicht denken.

Jemand sagt, es klinge nach den Gedanken einer einsamen Person. Andere stimmen zu. Vielleicht hatte die Dichterin Liebeskummer, Herzschmerz.

Gelächter.

Was wäre, sage ich, wenn wir uns für einen Moment vorstellen, es seien vielleicht die Zeilen einer Exilantin. Einer Frau, die irgendwo in der Fremde einschläft und nicht weiß, was morgen kommen wird. Die sich nach einer imaginären Küste sehnt, weil alle anderen erreichbaren Küsten verschlossen sind.

Dann ist es anders, sagt ein Student. Dann sehnt sie sich möglicherweise nachhause.

Und wenn sie keines mehr hat?

Sie könnte ein Flüchtling sein, meint jemand.

Braucht es unbedingt einen Namen dafür, wer jemand ist? Oder nicht vielmehr einen Namen für das, was jemand empfindet?

Ich erzähle den Studierenden von den Arbeiten der Charlotte Beradt. Eine jüdische Publizistin, deren Arbeiten mich immer wieder aufs Neue faszinieren. Charlotte Beradt hatte sich für die Träume verfolgter Menschen interessiert. Für das Unsichtbare der Geschichte. Sie wusste: Es lässt sich ohne weiteres die Auskunft geben: die und die Familien wurden abgeholt. Gefangen gesetzt. Deportiert. Aber was fühlt jemand, was träumt die Person, die weiß, dass das Klingeln an der Tür mitten in der Nacht das Ende von allem bedeuten kann? Die ihr Kissen wie einen Delphin umarmt?

Ich sehe die Skepsis auf den Gesichtern. Drittes Reich, Nationalsozialismus. Es wird in diese Richtung gehen. Er wird uns mit dem Gewohnten aufklären. Ich versuche, in die aufkeimende Skepsis hineinzuspringen. Nehmen Sie irgendeine Situation der Geschichte, die ihnen nahe ist. Was wissen wir von den Träumen derer, die plötzlich aufbrechen müssen, denen das Wasser sprichwörtlich bis zum Hals steht? Welche Assoziationen, Bilder, Ausflüchte,

Hoffnungen, Traumvisionen hat das Leben dieser Menschen bestimmt? Bestimmt es noch? Die Studierenden sehen mich erwartungsvoll an. Was ist nun die richtige Antwort?

Es folgt die zögerliche Frage, wo man eine Interpretation des Gedichts nachlesen kann. *Falls es in der Prüfung drankommen sollte.* Die Gewöhnung an das Gesicherte. Die Sehnsucht nach den berühmten Heftchen mit den *Interpretationshilfen* (wie verräterisch allein das Wort). Schon als Schüler war ich irritiert, wenn im Unterricht die Frage danach gestellt wurde, was der Schreibende mit einem Gedicht sagen wollte. Als ob sich alles Ungefähre dringend auf einen sagbaren Nenner bringen lassen musste. Sodann das merkwürdige Wort *Textarbeit.* (Die Frage jedoch, was dem Lesenden in der Begegnung mit Texten, Kunstwerken passiert, zu einer bestimmten Zeit, an einem bestimmten Ort in einer einmaligen biografischen Situation – das war mit den selbstbewussten Erklärheftchen nicht einzufangen.)

Ich spiele den Studierenden ein Youtube-Video vor, in dem ein Schauspieler das Delphin-Gedicht liest. Ruhig, besonnen, langsam. Anerkennende Zustimmung ist zu spüren. Das Gedicht findet seinen Abschluss in dem virtuellen Vortrag. Es ist ein brauchbares, zugleich hilfloses Ende. Ein älterer Student meldet sich und beharrt auf der Frage: Aber was bedeutet das Gedicht nun? – Das ist es, was ich ihm nicht beantworten kann. Selbst, wenn ich eine Antwort hätte, sie wäre falsch.

Nach dem Kurs kommt eine ungarische Studentin zu mir. Eine der wenigen Ausländerinnen im Kurs. (Noch vor einem Jahr saß ganz hinten in der letzten Reihe eine chinesische Studentin, die alles, was ich sagte, mit der Kamera aufzeichnete, um sich dann, wie sie mir erzählte, zuhause,

Wort für Wort, das Gehörte noch einmal zu vergegenwärtigen.) Sie entschuldigt sich, dass ihr Deutsch nicht perfekt sei. (Warum entschuldigen sich so viele auf dem Kontinent für ihre Gabe, dass sie verschiedene Sprachen sprechen?)

Sie erzählt, dass sie in Budapest Gedenkstätten besucht habe. Sie wolle mehr wissen über die Träume, von denen wir gesprochen hatten. Sie wolle wissen, ob es die Bücher der Charlotte Beradt auch in einer ungarischen Übersetzung gebe. Sie zögert noch einen Moment, dann erwähnt sie ihre Angst, merklich unruhig und fast wie ein privates Bekenntnis, in der Schlussprüfung nicht alles korrekt auf Deutsch niederschreiben zu können. Die Strudel der Mehrsprachigkeit. Eine Angst, auf die ich keine richtige Entgegnung habe. Was wäre denn in dem Fall ein korrektes Deutsch? Ich sage ihr, sie solle sich keine Sorgen machen. Sie nickt erleichtert.

Ich werde es Ihnen auf den Prüfungsbogen schreiben, ja?, fragt sie. *Damit Sie wissen, dass ich es bin.*

Ich stimme zu. Damit ich weiß, dass Sie es sind. Schreiben Sie es auf den Prüfungsbogen. In Wirklichkeit würde ich mir wünschen, dass sie in ihrer Muttersprache alles aufzeichnet, was sie an Gedanken und Meinungen in sich trägt. In dem komplexesten Ungarisch, das für sie denkbar ist. Vielleicht werden die technischen Möglichkeiten irgendwann so weit entwickelt sein, dass sich niemand mehr für die Furt entschuldigen muss, durch welche die eigene Sprache an ein anderes Sprachufer überführt werden muss.

Beim Verlassen der Hochschule sehe ich auf die in der Dämmerung liegenden Spielgeräte des Sandplatzes im Park mit seinen Rutschen und Schaukeln. Ich gehe hinüber ins Hotel. Im Gang riecht es nach Reinigungsmitteln. Das Gangfenster führt auf einen dunklen Hofschacht. Bevor ich die Zimmertür öffne, bleibe ich einen Moment im Gang stehen. Ich muss daran denken, dass dieses Haus ein Teil meiner Biografie geworden ist. Es steht mitsamt den verstummten Weltzeituhren fest auf meiner Kontinentkarte. In all seinen Zuständen.

Als ich das erste Mal nach Kufstein kam, war das Hotel ein Wrack. Ich sehe noch den Besitzer vor mir, Kazim, ein groß gewachsener, aus der Türkei stammender Mann. Wie er mit dem Lächeln eines Zwanzigjährigen zwischen Kabeln, Staub und Dreck auf der Etage aufgeregt umherläuft, dort, wo sich nun das Restaurant befindet. Sein schwarzes, die Schultern betonendes Poloshirt. Er war als junger Mann in die Alpenrepublik gekommen, hatte eine Jenbacherin geheiratet, lernte höflich und zugleich nichtssagend zu antworten, wenn man ihn nach den Schwierigkeiten der Herkunft befragte, und wurde herzlich, sobald man sich mit ihm über Themen unterhielt, die ihn begeisterten. Wie das Bauen, das Ausgestalten von Häusern und Räumen. Die örtlichen Hoteliers hatten ihn belächelt. Der Ausländer will ein zentrales Hotel eröffnen. *Geh bitte.* Eine Höllenfahrt. Kazim hatte gemerkt, dass mich sein wilder Plan interessierte. Aus einer Ruine ein funktionierendes Hotel zu errichten.

Nach meiner Odyssee durch Arbeitsstellen in Polen, Deutschland, Projekten in Albanien, Spanien und dem Kosovo war ich damals in Tirol sprichwörtlich gestrandet (ein Wort, das ich bis heute als ein schönes, rettendes empfinde). Eine feste Arbeitsstelle, Strukturen, Aufgaben, Anerkennung. Ein Innehalten nach den Jahren des unruhigen Umherstreifens. Und ein Ort, Kazims Hotel, an dem ich mich aufgehoben fühlte.

Ich hatte versucht, mich in dem Minimalkosmos der Stadt zurechtzufinden. Selbst die Suche nach einer Wohnung, die ich mir leisten konnte, erschien mir damals als

Herausforderung. Daher rührte wohl mein Interesse für Kazim, der ein ehrliches Bedürfnis danach hatte, Besuchern eine bezahlbare Unterkunft anzubieten.

Mit Taschenlampen in der Hand, wie zwei Höhlenforscher, waren wir eines Nachmittags durch das ausgebeinte Innenleben des Hotels gestapft. Unter den kaputten Decken hindurch. Er zeigte mir im Imaginären, wo sich die Zimmer befinden würden. Welches Aussehen er ihnen geben wollte. Mit wenigen Worten umriss er das zukünftige Haus. Überall lag Schutt herum. Selbst die Duschen, die er einbauen wollte, sah er bereits als geordnete Wirklichkeit vor sich. Hähne, Armaturen, helle Mosaikkacheln, Kosmetiktuchboxen, Handtuchhalter. Nur von den Uhren war keine Rede; sie tauchten erst später als unscheinbare Dekoration an der Stirnseite der Rezeption auf.

Die Wände waren grau und trugen den Staub vergangener Zeiten. Einige Fensterscheiben zeigten Risse. Ein verblichenes Haus in der Ortsmitte, das einmal bessere Jahre gesehen hatte.

Kazim, wie selbstverständlich den hiesigen Tiroler Dialekt sprechend, richtete, mit Hilfe seiner Freunde, innerhalb kürzester Zeit das Hotel wieder her. Der undurchsichtige Fremde traute sich etwas. Wenn ich ihn fragte, ob ihn die heimlichen und offenbaren Sticheleien, denen er ausgesetzt war, nicht störten, lachte er. *Ich hör' gar nicht hin,* sagte er.

Später würde er mich immer wieder überraschen. Ob er einen lokalen Schwulenball in sein Restaurant einlud, oder sich selbst am Abend in die Küche stellte, um seinen Angestellten beim Füllen der Gläser zu helfen, er tat es mit einer unauffälligen Neugierde und Lebensfreude, die meiner damaligen grüblerischen Verfassung wie ein Inbild an Zuversicht entgegenkam. Selbst als ich eine eigene Wohnung und Freunde gefunden hatte, ging ich so oft wie möglich nach meinem Dienst in der Hochschule in sein Hotel. Hinter der Bar stehend, erzählte er mir von seinem Leben, seinen Plänen, weihte mich in die neuen Bauvorhaben ein, die bei ihm nie ein Ende fanden.

Später, als ich nur noch als gelegentlicher Gast in den Ort kam, manchmal mit monatelangen Pausen zwischen den Aufenthalten, war es immer wieder unser erster gemeinsamer Nachmittag im Geröll und Bauschutt der einstigen Hotelruine, zu dem unsere Gespräche zurückfanden. Ein gemeinsames Erinnern an einen Beginn, an einen Anfang. Zu dieser Zeit muss sich wohl auch die Tradition gebildet haben, dass er mich fast immer, wenn es möglich war, in einem der Zimmer im dritten Stockwerk unterbrachte. Er hatte verstanden, wie gern ich auf den großen Balkonen saß, die es auf dieser Etage gab.

Für mich war Kazim kein Migrant. Das Wort erschien mir als unpassend. Es erzählte nichts über ihn. Er war einer, der Versuche unternahm, mit der besonderen Kenntnis erschwerter Bedingungen. Der etwas zur Veränderung des Ortes beitragen wollte. Der von Österreich etwas verstanden hatte und es mir beibringen konnte.

Kazim wartet unten im Restaurant. Eine italienische Reisegruppe beschäftigt seine Küche. *Setz dich hin, ich bringe dir einen Wein.* Nachdem die Gruppe gespeist hat, kommt er zu mir. Ein feiner Schweißperlenfilm ist auf seiner Stirn zu sehen. Sonst kaum Spuren der Erschöpfung. Obgleich er zu fast allen Tageszeiten irgendwo im Hotel zu sehen ist. Ich frage ihn, wie er es fertigbringt, noch immer kein einziges graues Haar zu haben. Er lacht. *Ich weiß es nicht. Glückssache.* Dann fragt er nach meinem Tag. Nach der Arbeit in der Hochschule. Ohne dass er eine Antwort erwartet. Wichtiger ist ihm, zu erfahren – auch das ein

Ritual – wie mir das Zimmer gefällt. Ob alles in Ordnung ist. Ob ich noch etwas brauche. Er erzählt von seinen Söhnen. Ihrem Leben in der Gegend, Studium, Arbeit, Geldverdienen. Dass er den Aufgang in den ersten Stock umbauen will. Ein neues Glasgeländer soll es sein.

Er spricht in den kurzen, gehackten Sätzen des örtlichen Dialekts. Mir fällt auf, dass ich ihn in all den Jahren unserer Freundschaft nie in seiner Muttersprache habe reden hören. Ich kann es mir nicht einmal vorstellen. Er scheint mir mit der Stadt so verwachsen zu sein wie das Haus selbst. Sogar die Male, die ich ihn außerhalb des Hotels gesehen hatte, könnte ich an den Fingern einer Hand zählen. Wir verabschieden uns und er gibt mir eine Flasche Wasser mit aufs Zimmer.

Auf dem Balkon öffne ich die Flasche und trinke in der Kälte das Wasser. Das Glas fühlt sich an, als sei es mit einer Eisschicht überzogen. Drinnen im Zimmer leuchtet das warme Nachtlicht an der Bettseite. Ich frage mich, ob es richtig war, die Studierenden das Gedicht vorlesen zu lassen. Nirgendwo lernt man ja etwas von einer Aufforderung. Auch das Lesen ist ein Sehen und Zuhören, etwas, für das die richtige Zeit gekommen sein muss. Aber wann kommt die richtige Zeit? Von selbst?

Am nächsten Morgen nehme ich den frühen Zug nach München. Durch die Abteilscheiben des EuroCity-Zuges sehe ich auf den Inn. Der Fluss führt Hochwasser. Er ist gräulich-blau. Ein leichtes Wolkenziehen am Himmel. Kurz sind die weiß bedeckten Gipfel des Wilden Kaisers hinter den hohen Vorbergen zu sehen. Ich hole mir aus dem Bordrestaurant einen Kaffee und strecke mich im Sitz aus.

Der Zug passiert die deutsche Grenze. Vor mir, in der Vierer-Sitzgruppe, steht eine Frau auf. Sie beugt sich zu zwei Kleinkindern. Sie versucht, die Kinder zu besänftigen, indem sie ihnen etwas vorsummt und ihnen aus einem Plastikbecher Joghurt zu essen gibt. Die Kinder sind übermüdet. Sie schreien nicht, winden sich auf ihren Sitzen hin und her. Ich sehe in ihren Augen, dass sie in jenem Stadium sind, wo die Erschöpfung das Schlafenkönnen nur noch schwerer macht. Der Zug verlässt das Inntal. Ich trinke den heißen Kaffee in langsamen Schlucken. Heimkehren nach Berlin. Ein gutes Gefühl. Immer noch. (Und dass du diese Worte hinschreiben kannst: *Berlin* und *ein gutes Gefühl*, ist eine Errungenschaft.) Das Tal öffnet sich. Die ersten bayerischen Höfe. Nach wenigen Kilometern die Supermärkte mit den Parkplätzen, die Funkmasten auf einer Klosterkirche, Wiesen, weitere Höfe.

Polizisten betreten den Gang. Sie grüßen auf bayerische Art und lassen den Blick durch die Reihen wandern. Zwei junge Männer, ein älterer Mann und eine Frau. Die Frau ist am Unterarm tätowiert. Sie fragen nach meinem Ausweis. Sehen prüfend auf die kleine Plastikkarte. Reichen sie mir zurück und bedanken sich. Sie wirken freundlich. Gelassen.

Die Passagiere, die täglich in der Grenzregion pendeln, scheinen die Kontrolle kaum wahrzunehmen. Die Polizisten fragen nun nach dem Ausweis der vor mir mit dem Plastikbecher hantierenden Frau, deren Kinder neugierig zu den Uniformierten aufsehen. Sie spricht kein Deutsch. Als die Polizisten sie auf Englisch ansprechen, zuckt sie mit den Schultern. Die Beamten bleiben ruhig. Wiederholen immer wieder die Sätze: *Your Identity Card please. Your passport please.*

Die Aufgeforderte bugsiert die Kinder neben sich auf das Sitzpolster. Die Kleinen beginnen unruhig zu werden. Schließlich reicht die Frau ihren Pass in die wartenden

Hände. Einer der jungen Männer holt eine Lupe hervor. Eine spezielle Box mit Vergrößerungsglas. Auch hier wird gesehen, gesucht, dem Verborgenen nachgegangen. Wenn auch mit anderen Intentionen. Er schiebt den Pass in die Öffnung, schließt das linke Auge und mikroskopiert das Papier. Dann wendet er sich zu seinem Kollegen und erklärt, woran man die Fälschung erkennen könne. Ich verstehe nur die Wörter *Rillen* und *Bildrand*.

Sie fordern die Frau höflich auf, ihre Sachen zusammen zu packen und mit ihnen in Rosenheim den Zug zu verlassen. Sie reise mit falschen Papieren. Das müsse überprüft werden. Die Angesprochene versucht es noch eine Weile mit Nicht-Verstehen. Sodann begreift sie ihre Lage. Hält kurz inne, setzt sich hin, die Haltung der Wartenden, plötzlich Sitzenden dieser Welt zeigend, die mir immer wieder begegnet. Schließlich holt sie aus ihrer Tasche ein großes buntes Tuch. Innerhalb weniger Minuten schafft sie es, die Kinder, eines vorn vor dem Bauch, eines hinten auf dem Rücken, einzuwickeln und in eine stabile Lage zu bringen. Ich denke an meine Tochter. Daran, wie lange ich, als sie im Alter der beiden war, gebraucht hatte, um die Sache mit dem Tuch zu verstehen. Wie der Körper der Tochter beinahe mehrere Male aus der Wicklung herausgefallen wäre. An meine damalige Sorge, sie könne in dieser Umhüllung keine Luft mehr bekommen.

Ich will etwas sagen. Aber was? Alles verläuft nach den Gesetzen. Den Regeln eines Staates. Einer Grenze. Der Ton ist höflich. Die Frau zeigt auch keine Angst oder Aufregung. Keine, die man sehen könnte. Nur die zwei Kinder in dieser ungewöhnlichen Hängelage, fast verschwindend unter dem Tuchstoff, ruckeln ihre Körper zurecht. Sie blicken über den Stoffrand, als ob mir, dem in ihrer Blickrichtung Sitzenden, nicht wenigstens etwas ein-

fiele, um ihrem Recht auf Schlaf zur Durchsetzung zu ver-
helfen. Der Zug stoppt. Die Frau greift nach ihren beiden
Taschen und verlässt den Waggon. Wann kommt die richtige Zeit? Von selbst?

Siebter Ort: Finkenkrug und der unsichtbare Garten

Es ist ein sommerliches Vergnügen, mit dem Fahrrad über
die knirschenden Wege des Berliner Tiergartens zu fahren,
vorbei an den Sprenganlagen, welche ihr Wasser auf die
Farne und Sträucher des Parks werfen. Plötzlich denke ich
an *ihren* Garten. Ohne Zögern: Er ist ein Knotenpunkt auf
meiner europäischen Karte. Weil er da ist und nicht da ist.
Weil er alles besitzt, was die Orte, die ich suche, benötigen: Unscheinbarkeit, Farben, Sprachklänge, die weit fort-
führen und sich mit anderen verknüpfen. Das, was nicht
sofort zu sehen ist, aber doch unabweisbar vorhanden:
eine Randlage, eine sonderbare Existenz, ein anhaltendes
Verschwinden. Der Garten der Dichterin Getrud Kolmar
ist heute ein Spielplatz für Kinder, auffindbar in einer langen Straße, gesäumt von Villen und einfacheren Häusern;
am Ende, nach einer leichten Biegung, mündet die Straße
in ein Waldgelände ein. Der Hort einer Grundschule
befindet sich in der ehemaligen Villa, in der Gertrud Kolmar ihre magischen Traumverse geschrieben hatte; unten
im Hof, neben den Spielgeräten, liegt körniger, gelb-grauer
Sand; vereinzelt stehen vor und hinter der Villa noch ein
paar Bäume, die wie sanfte Masken des Gartens wirken.
Dort, wo einmal Rosen angepflanzt waren, streckt sich ein
kleiner Sportplatz aus. Warum ist es gerade ihr Garten,

vielmehr: seine Zerstörung, welche dich anzieht? Die geheimnisvollen Augen Gertrud Kolmars auf der berühmten Jugendfotografie haben dich von Anfang an fasziniert. Eine Mischung aus gespannter Aufmerksamkeit, Gelassenheit, Skepsis, Schönheit und Trauer. Dann der Ton ihrer Gedichte, das plötzliche Aufgehen von Türen, Öffnungen in eine Sprache, deren Durchblicke dich in langanhaltendes Erstaunen versetzen. Vor allem aber: Gertrud Kolmars Konstruktion eines Auftenthaltsortes, über dessen Formen in Raum und Zeit nur sie selbst bestimmen wollte.

Ihr in dieser Perspektive noch immer ins Verschwindende fallender und sich gleichzeitig erhaltender Garten beherbergt Lebensspuren. Mikroskopische Reste. Darauf will ich beharren: keine Einbildungen. Er hat die Kraft, die Gedanken eines Menschen sichtbar zu machen. Er verfügt über die Gabe, noch immer verwildern und wachsen zu können.

Kein Museum, keine Gedenkstätte vorstellend (mit ihren üblichen, einordnenden und den Geist in die Irre führenden Tafeln und Bildern), sondern in der Leere nur sich selbst zeigend, als Rest und Jetzt und daher noch sprechend und Auskunft gebend. Ein Ort der Vergangenheit, den ich, ohne es erklären zu können, auf meine Kontinentkarte setze, weil er in meinem Kopf eine seltsame Art von Gegenwart behauptet.

Ich nehme den Regionalzug vom Bahnhof Berlin-Friedrichstraße in Richtung Falkensee. Es ist Zeit, den Ort wieder zu sehen. Mich zu vergewissern, warum es ausgerechnet der verschwundene Garten der Gertrud Kolmar ist, ein Anwesen aus den Untiefen des letzten Jahrhunderts, das auf meiner Skizze eingetragen steht.

Am Bahnhof in Finkenkrug schiebe ich das Fahrrad hinter der Absperrung bis zum Ausgang. Birken wachsen neben dem Gleisbett. Der abfahrende Zug wirkt fast zu groß für die schmalen Dimensionen der Station. Hinter der Bahndammunterführung beginnen die Abzweigungen in die langen Straßen mit den alten und neuen Häusern. Der Blick gleitet in den Zwischenräumen der Zäune und Strauchabgrenzungen auf offenes Waldgebiet, auf die Pfade und Wege, welche die Dichterin wie ein eigenes Reich hinter ihrem Haus beschrieb. Und wie lange braucht man in diesen Straßen, ehe man vor der Schule steht, um dann einen Seiteneingang zu finden, durch dessen schmale Passage man hindurchmuss, um auf dem Spielplatz und dem alten Terrassenvorplatz vor der Villa zu stehen.

In einem ihrer Briefe aus der Zeit, als sie den Garten längst verlassen hatte, schreibt die Dichterin: „Ach, ich möchte zuweilen meinen Mantel anziehn, meinen Hut aufsetzen und fortwandern, weit, weit fort. Und ich denke jetzt öfters daran, dass ich, wenn erst einmal Schnee fällt, nach Finkenkrug fahren und dort bei Mondschein, wie ich es früher tat, im Walde herumstapfen könnte."

So zeigen es alte Fotografien: ein Gartenweg. Stufen, gepflegt, Aufgänge zur Villa. Bäume, die ihre Schatten auf den Garten senken. Ein Pfad, der sich durch Pflanzen und Sträucher schlängelt. Dahinter scheinbar schon Wald, fast eine Wildnis. Hier ist sie entlanggegangen. Diesen Weg. Die paar Schritte. Den Weg zum Eingang, den Weg zurück, die Treppen hinauf in ihr Zimmer.

Unten die Mutter, kaum noch bewegungsfähig, ihrer Hilfe bedürftig. Im Zimmer Erinnerungen und Bilder. Aufgaben am Nachmittag, Papiere. Dinge, die im Alltag zu erledigen sind.

Heute ist hier nur noch ein Vorplatz zu sehen.

Ich stelle das Fahrrad in der Nähe des Schulgebäudes ab. In meiner Erinnerung hatte ich vergessen, dass unter der

Woche hier Kinder spielen, die im Alter meiner eigenen Kinder sind. Obgleich die eigentümliche Wochenendstille alles in eine bewegliche Ruhe taucht, kann ich mir ohne Mühe das Herumlaufen, die Zurufe und Spielbewegungen der Hortkinder auf dem Gelände vorstellen, das ganze organisierte Leben eines Schulbetriebs, das sich um diese Spiele gruppiert. Zugleich erscheint mir das nicht als Störung oder gar Unwürdigkeit gegenüber dem Garten, sondern als eine Atmosphäre, die ihn sogar beschützt und umfängt.

Ihre Schritte, so viel lässt sich sagen, waren einmal in diesem Gelände zu hören, anwesend ihr Körper in dieser Zeit. Nicht die Schritte einer Dichterin, deren Verse du nicht mehr vergessen kannst, sondern die Alltagsbewegungen einer Frau, die sich nach Finkenkrug, eine halbe Stunde entfernt von Berlin, zurückgezogen hatte wie in ein Schneckenhaus. In diesen Garten, in das nun vollkommen veränderte, nüchtern-unauffällige Haus, umgeben von Wegen, Bäumen, Pflanzen, Sträuchern, Waldgebieten. Ein Rückzug in Familiennachmittage, von denen lediglich Fotografien übrig sind.

Dort, auf einer der Fotografien, steht sie, Gertrude Kolmar, deren Worten du vertraust. (Je älter du wirst, desto mehr nimmt bei dir das Bedürfnis nach solcher Nähe zu.) Mit dem großen hässlichen Rock steht sie da, abseits, neben der Familie, sich beinahe aus dem Bild hinausbeugend. Eine ältliche Frau mit einem rätselhaft verborgenen Gesicht. Mit großen schönen Augen. Daneben, im Unsichtbaren vorstellbar, der unvermeidliche Kaffeetisch im Freien mit den Tassen, Tellern, dem gereinigten Besteck. Das landesübliche Zutrauen auf gepflegte Zusammenkünfte, auf die Orte der Familie, selbst wenn geschwiegen oder aneinander vorbeigeredet wird. Die ausführlichen

Rituale des Essens, das Eindecken und Abräumen des Tisches, damit die Zeit vergeht. Rückzug in Kindheitserinnerungen, Plappern und Schwatzen. Noch lange wird sie dort stehen.

Nicht die in einem Zug gen Osten eingepferchte jüdische Frau, nicht die anonyme Tote in einem Vernichtungslager. Gertrud Kolmar steht dort auf der Fotografie, im Abseits von Finkenkrug, und wartet, dass der Augenblick vorbeigeht und die Kamera sich wieder senkt. Dass es weitergeht, der Tisch abgeräumt wird, die Familienangehörigen wieder ins Haus gehen, der Vater seinen Schlaf bekommt. Sie sich in die Unauffälligkeit zurückziehen kann, auf der sie bestand. Ihre eigene Müdigkeit bekämpfend mit einer vor Bildeinfällen blitzenden Sprache, eingetaucht in Erinnerungen an Liebeserfahrungen, nein: an Sex, an das Beisammensein von realen Körpern.

Meiner Haare finstere Amselschwingen sind grau,
Meine Lippen bestaubte, verdorrte Blüten,
Und nichts weiß mein Leib mehr vom Fallen und Steigen
der roten springenden Brunnen des Blutes

Gertrude Kolmar, geboren 1894 als Gertrud Käthe Chodziesner an der Poststraße in Berlin, lebte seit den zwanziger Jahren des 20. Jahrhunderts in Finkenkrug, der kleinen Waldsiedlung in der Nähe Spandaus. Eine Abtreibung, die aus bürgerlicher Konvention wohl von den Eltern erzwungen wurde, der Tod der Mutter 1930, sodann der in seinem Stuhl sitzende, erst arbeitende, später kranke Vater und das eigene Geldverdienen als Erzieherin in privaten Häusern sind in diesen Jahren die äußeren Kreise ihres Lebens. (Zuweilen unterbrochen von Besuchen und Gesprächen, etwa mit ihrem Cousin Walter Benjamin.) Der innere

Kreis scheint aber die Welt der Finkenkruger Villa gewesen zu sein, jener Ort, an dem sie schrieb.

Kaum jemanden war die Dichterin damals bekannt. Nur gelegentlich veröffentlichte sie in kleineren Zeitschriften und Verlagen. Auf den alten Fotografien ist noch ihr Zimmer zu sehen. Genauer: die geschlossenen Fenster ihres Zimmers. Efeu rankt sich an der Mauer der Villa hinauf. Neben den Fenstern wölbt sich der große halbrunde Balkon hervor, der auf den Garten hinausführt, getragen von zwei wuchtigen Steinsäulen. Selten habe mich biografische Bilder und Zeugnisse mehr angesprochen als die aus ihrem Leben. Die Randbemerkung einer ihrer Biografinnen, dass sie wohl einen starken Berliner Dialekt gesprochen hat, war mir sofort glaubwürdig. Sie sei mit beherztem Humor und ebendiesem Dialekt auf Situationen zugegangen und habe zugleich ein erstaunliches Maß an Zurückhaltung gezeigt, wenn das Gespräch auf ihr eigenes Leben gekommen sei. Das scheinbar Widersprüchliche – Berliner Humor und die Gabe für einen großen Weltgesang – führt mich zu ihr. Ihr Garten ist kein romantisches oder bürgerliches Rückzugsversteck. Er ist eine Zitadelle, geformt aus Sprache und der Erkenntnis der Niederlage, und er weicht keinen Deut von der Konstruktion ab, die ihm seine Schöpferin gegeben hat.

Die alten Fotografien der Villa zeigen noch: Unten die Terrasse mit den weißen Türen und den schmalen Treppen, die zwischen den breiten Hecken hindurchführen. Dahinter wandert das Grundstück in das Viertel und in den Wald hinüber. Irgendwo müssen auch die Ställe und Gehege für die Hühner, Enten, Gänse und Hasen gestanden haben, deren Nähe Gertrud Kolmar als wohltuend empfand. Hatte sie sich hier gelangweilt? War ihr Pflichtgefühl, für die Familie da sein zu müssen, stärker als ihre Wünsche nach einem eigenen, selbstbestimmten Leben?

Ihre Briefe lesend aus den zwanziger Jahren, höre ich eine Frau, die kein Interesse an der Klage hat. Sie geht in ihren Gedichten keine Zugeständnisse an die düstere Wirklichkeit ein; ihr verlorenes Kind wird sie ansprechen wie ein lebendes. Mit dem Verlorenen reden, Echos suchen, wo klammheimliches Schweigen und Einverständnis die Abmachung sind. Und wieder ist die schmale Linie sichtbar zwischen dem Gefühl und dem Sentiment, dem Benötigten und dem Lächerlichen. Die gescheiterten Liebesverhältnisse zu Männern akzeptiert sie nicht einfach demütig.

Du
Dich wollt ich vom Himmel mir krallen.

Sie ist eine Reisende, auf ihre Art. Als die Verfolgungen beginnen, schlägt sie mögliche Fluchtangebote aus. Inmitten der Stille macht sie sich keine Illusionen darüber, was um sie herum geschieht, wie die Bedrohung langsam und unaufhaltsam näher rückt. Ein Jahr vor ihrem Tod, als die Villa und der Garten in Finkenkrug längst zwangsverkauft waren, schreibt sie an ihre Schwester: „Aber ich hatte das alles vorher geahnt, es kommen sehen, im voraus schon auf mich genommen. Wozu wohl auch schon der Umstand mich führte, dass ich niemals ‚die Eine' war, immer ‚die Andere'."

Schmalen Vorrat zu sichten, zögernd heimzugehen,
Nichts als Sand in den Schuhen Kommender zu sein.

Als sich der Kreis immer enger um den Garten und die Villa zieht, schreibt sie vermehrt über Pflanzen, Steine, Wüsten, über offene, weite Landschaften und über Tiere. Das ist die Bewegung, die dich aufmerken lässt.

Nicht aus dem Gedächtnis zu tilgen der weiße Barsoi, ihr Hund, in dessen Schatten so viele weitere Tiere auftauchen:

Dein Blut
Hetzt noch den grauen Wolf durch Tannenfinsternis
russischer Wälder,
Spürt noch weidende Renntierherden über Moos und Flechte
der Tundra,
Hört noch angstvolles Jammern, des Eishasen Klageschrei
Vor dem Jäger

Der schlanke große Hund, der frei in Finkenkrug durch den Garten läuft, wird in ihren Träumen zum Fährtensucher, zum Boten und Wissenden. Ein magischer Gefährte, der durch ein unendlich großes Reich eilt, in dem es keine Zäune und Begrenzungen zu geben scheint. Wale und Meerestiere, Fische aller Art, Einhörner und Echsen bevölkern die Gedichte.

Oft kann sie nur früh am Morgen oder sehr spät in der Nacht schreiben; ein Ritual, das sie auch noch beibehält, als sie nach dem Verkauf der Villa zur Zwangsarbeit verpflichtet wird und lange Wege zu Fuß zwischen der Fabrik und der zugewiesenen Wohnung in Schöneberg zurücklegen muss. Je stärker die Erschöpfung zunimmt, desto größer werden die geografischen Zonen ihrer Verse. Als ob sie den Garten in Finkenkrug mitnehmen wollte, als ein ihr nicht mehr zu entreißendes Gelände. Nur dass nun ein zerstörerischer Wind hindurchging.

Riesig zerstürzende Windsäulen wehn,
Grün wie Nephrit, rot wie Korallen

Aber auch das Bewusstsein für eine andere, kommende Zeit:

Über die Türme. Gott lässt sie verfallen
Und noch Jahrtausende stehn.

Im Februar 1943 wird Gertrud Kolmar an ihrem Arbeitsplatz verhaftet. Dann verliert sich langsam ihre Spur. Wahrscheinlich wurde sie in den ersten Tagen des Märzes in Auschwitz ermordet.

Der Weg nach Finkenkrug ist von Berlin aus immer noch eine umständliche Reise, wenn man kein Auto besitzt. Ich laufe durch den Ort. Bin froh, dass ich in den nächsten Wochen keine Flughäfen oder Bahnhöfe betreten werde. Von hier aus erscheint Berlin wie ein weit entfernter Raum, noch.

Leben auch hier nun in Finkenkrug jene von der Großstadt ermüdeten *Freelancer*, die sich in den abgelegenen brandenburgischen Dörfern ihre Refugien einrichten, die neuen Gärten und Ruhezonen, in denen auf den Tastaturen nie ausgeschalteter Geräte das große Datengestöber bewegt wird?

Einige Mal ging ich als verwunderter Besucher in solchen Landhäusern umher. In der Erinnerung sehe ich ein Waschbecken vor mir, ein ausgehöhlter Stein, schiefergrau, über dessen Konturen makellos das Wasser in den Abguss fließt. Durch das Fenster des Badezimmers der Blick auf eine gepflegte Wiese, Spielzeuge im Gras, zwei Obstbäume, eine aufgestellte Rutsche. Ein harmonisches Draußen. Ein Blick auf Bäume, auf die Weite des Himmels. Freunde hatten mir erzählt, dass sie es nicht mehr in der Großstadt aushielten. Sie wollten eine andere Lebensqualität. Zur Ruhe kommen, frische Luft einatmen. Dem ständigen

Lärm des Verkehrs entgehen. Der Auszug aus der Metropole an den sogenannten Rand. Nie hatte ich gehört, dass es um einen bestimmten Ort ging, sondern meist um die Faktoren, welche das neue Zuhause vorweisen musste, um den Hunger nach dem Ländlichen zu stillen. Durch Finkenkrug gehend, habe ich das Gefühl, alles ist hier vorbereitet und angelegt, Refugium zu werden. Die riesige Stadt an sich heranwachsen zu lassen, bis das Gelände vielleicht irgendwann darin verschwindet.

Man erinnert sich in der Gegend an Getrud Kolmar. Es gibt in einem weiter entfernt liegenden Museum eine kleine Ausstellung über ihr Leben. Einen Rosengarten, in dem ein Strauch blüht, dessen Sorte nach ihr benannt worden ist. Man hält die Vergangenheit in Ehren. Aber was wäre Gertrud Kolmars Beitrag zu einer Epoche, in der das Erinnern pädagogisch ist, Zwecken dient, anständig und geordnet ist? Wo rennt der Barsoi hin? Die Wale und Meerestiere, die hier durchgeschwommen sind durch die Reste von Abbrüchen, Umbauten und jetzt: neuen Villen und Häusern?

Wie viel mag es Getrud Kolmar gekostet haben, ihre Liebe zu einem Ort und zu den Stunden, die sie dort verbracht hatte, zu verteidigen gegen das, was gegen diese Liebe sprach? In einem ihrer Briefe schrieb sie: „... ich bekam Heimweh nach Finkenkrug – die Menschen dort liebte ich nicht, im Gegenteil, aber die Wiesen, den Wald ...“

Das Wort *Liebe*, so verbraucht, albern und abgenutzt es sein mag, ist eines der Wörter, das zu ihr gehört. Weil sie damit unterschied zwischen dem, was in einem Land geschieht (genauer: was ein Land dir antun kann) und dem, was du in diesem Land tust, das Zu-Dir-Gehörende, das du gegen das Politische verteidigen willst. Vielleicht ist dies das Kostbare, was du von ihr lernen willst, was in

Finkenkrug durch so viel Schutt hindurch noch spürbar ist: sich nicht das Wort Liebe ausreden zu lassen für die Zonen (die manchmal auf einen einzigen Ort zusammenschrumpfen), in denen man gelernt hat, zu denken und dabei etwas zu empfinden.

Achter Ort: Marseille und das öffentliche Bad im Spiegel

Im brackigen Wasser des Hafens treibt eine *Le Monde*. Die Bilder und Schriftzüge auf den Zeitungsseiten sind aufgedunsen, aufgebläht, fasern langsam aus. Sich in Bäuche verwandelnd, treiben die Zeitungsseiten an der Mole entlang. An den Booten hört man die leisen Anschlaggeräusche des Wassers. Sonnenfunkeln auf der Oberfläche.

In einem der Cafés am Hafen bestelle ich einen Milchkaffee. Von meinem Platz aus sehe ich den Spiegelpavillon an der Hafenkante. Wie ein Tempeldach leuchtet er herüber. Prahlt mit seiner wuchtigen Leichtigkeit. Seiner silbernen Erhabenheit. Die zarten Eisenstreben, unter denen eine Krönung stattfinden könnte. Oder das Sitzen von ehrwürdigen Buddhas, die auf ihrer Europareise den Glanz strahlender Leere und Reinheit nicht entbehren wollen.

Der filigrane Pavillon mit seiner massiven Spiegelfläche wurde von dem Londoner Büro von Foster&Partners errichtet. Eine polierte Edelstahlplatte, in der sich die Unten-Gehenden betrachten können, sobald sie nach oben blicken. Eine glänzende Passage, in der die Köpfe wie Bojen treiben.

Der Kellner ist ein junger Marokkaner mit blondierten Haaren, der sofort erkennt, dass ich Deutscher bin. Wohl am unbeholfenen Versuch, Französisch zu sprechen, um dann, scheiternd, ins Englische zu wechseln. Er lacht. *Pas de problème.* Wir unterhalten uns, er erzählt mir, dass er aus Rabat kommt. Ich versuche ihm auf einer Luftkarte zu zeigen, wo ungefähr die Stadt liegt, in der ich geboren bin.

Er will wissen, was ich in Marseille mache. Eine Konferenz, ein Vortrag. Ich ziehe die Manuskriptpapiere mit den Bleistiftanstreichungen aus der Tasche. Bedauerndes Lächeln von seiner Seite. Er fragt, ob ich Kinder habe. Dann klopft er schnell mit einem Löffel auf den Tisch: Ich will gar keine Antwort, mein Freund.

Stattdessen frage ich ihn, was er von dem Foster&Partner-Spiegel im Hafen hält.

Der Kellner winkt ab. Das Geld hätte man für anderes ausgeben sollen. In seiner Straße hätten sie erst letzte Nacht wieder einen Freund beraubt. Man wisse genau, wer die Täter seien. Aber das hilft nichts. Sie sind organisiert. Marseille sei Marseille da, wo er wohne; nicht da, wo der Spiegel steht.

Es sitzen nur wenig andere draußen an den Tischen mit den elegant gebogenen Eisenfüßen. Ein Blick auf die Uhr sagt mir, dass ich zur Konferenz gehen muss, da ich mich mit Kollegen verabredet habe. Das kurze Zögern, um eine Verabredung aufzuschieben. Ich könnte mich darin verlieren. Absagen durchspielen. Das Erwartbare unterbrechen. Dabei liegen auch in diesen Gedankenspielen Wiederholungen (alles, was du erreichst: Du wirst der letzte sein, der ankommt).

Auf dem Weg zur Konferenz bleibe ich einen Moment unter der hängenden Platte stehen. Trotz aller inneren Einwände kann ich nichts dagegen tun: Sie begeistert mich. Sie wirkt wie ein in die Luft geworfenes Schaufenster, eine Fläche, die nichts auslässt. Man badet darin. Jede

Bewegung greift sie auf, wenn auch in einer merkwürdigen Verschwommenheit und Halbherzigkeit, ein Fremdkörper im Hafen, luxushaft, sauber wie die Böden teurer Hotels, dadurch obszön und ironisch: Sieh mal, Bevölkerung, hier wurde ein Baldachin für dich aufgestellt, unter dem du dich versammeln kannst. Dich selbst siehst du hier, Stadtgesellschaft, dein Umherwabern, deine soziale Kaugummimasse, deine Besucher, die Neugierigen und die Flaneure, die Barfüßigen und die Namenlosen.

Spencer de Grey, der Londoner Büroleiter von Foster& Partners, hatte nach der Fertigstellung enthusiastisch verkündet, der Pavillon sei „eine Einladung an die Bewohner von Marseille, um den großartigen Ort wieder für Veranstaltungen, Märkte und Feste zu genießen". Das Gegenteil eines Verstecks. Das Gegenteil von Unscheinbarkeit und Uneindeutigkeit. Hier steht der Kontinent auf dem Kopf. Fährt das Sonnenlicht dazwischen. Erlebt man einen schwebenden Saal des Öffentlichen.

Die Spiegelplatte passt im Grunde in keiner Weise in die Umgebung. Ein Fremdkörper. Sieht man genau hin, kann man in der Platte eine leichte Flügelform entdecken. Dadurch wirkt das Ganze leicht, vorläufig.

Anders als die anderen großen utopischen Bauten, die ich in Europa gesehen hatte, wie etwa das Guggenheim Museum in Bilbao oder das Jüdische Museum in Berlin, weiß man unter dem Spiegel nicht so genau, ob er ein zynischer oder ein freundlicher Bau ist. Selbst diese Frage wirft er noch zurück. Keiner der sich um die tägliche Existenz mühenden Menschen aus den Vorstädten wird hier ernsthaft ein Fest feiern wollen, und wenn doch, dann könnten es die Personen nicht zu eigenen Bedingungen tun. Doch auch dieses Argument bringt meine Faszination nicht aus der Fassung.

Es beruhigt mich: Ich bin nicht der Letzte, der auf der Konferenz eintrifft. Wenige Minuten vor dem ersten Vortrag sehe ich, wie eine der Konferenzleiterinnen mit zwei Männern aufgeregt spricht, welche sie nicht ansehen, sondern vielmehr versuchen, an ihr vorbei den Saal zu betreten. Die zwei Vortragenden arbeiten an einer französischen Universität in der Stadt und lassen sich nicht dazu bewegen, ihren Beitrag auf Englisch zu halten. Es sei doch eine internationale Konferenz, meint nun eine andere Frau aus dem Team, ihr Telefon nervös in den Händen drehend.

Genau. Und wir sind hier in Marseille. In einer französischen Stadt. Französisch ist eine internationale Sprache. Warum sollen wir dann auf Englisch sprechen? Weil es so abgemacht war. Weil die Konferenzsprache Englisch ist. Die beiden lassen sich nicht erweichen. Weisen auf das Programmheft, in dem irgendwo vermerkt steht, dass sie auf Französisch sprechen werden. Sie stellen sich an das Mikrofon in dem dicht mit Polstersesseln bestückten Saal und beginnen in ihrer Muttersprache über das angekündigte Thema zu referieren. *Chancen europäischer Kulturhauptstädte.*

Stur und konzentriert, offenbar von keiner Skepsis geplagt, gehen sie ihre Folien durch. Einziges Anzeichen angespannter Unsicherheit: der ständige Griff zum Wasserglas. Nach und nach nehmen auch die zu spät kommenden Konferenzteilnehmer in den Sesseln Platz.

Die meisten haben von der Auseinandersetzung nichts mitbekommen. Zunächst glauben wohl die Gäste, es würden lediglich einleitende Bemerkungen in der Landessprache von sich gegeben. Als der Vortrag jedoch so weitergeht, erheben sich die Ersten, suchen sich ihren Weg durch die Reihen, bis weitere folgten und nur noch jene im Saal übrigbleiben, die des Französischen mächtig sind. Das

Aufstehen und Verlassen des Saales wird von Gemurmel begleitet. Bemerkungen, Kopfschütteln, Verwunderung.

Im Konferenzsessel sitzenbleibend, genieße ich die Unterbrechung, den leichten Anflug von Chaos im durchgeplanten Programm. Neben mir versucht eine polnische Teilnehmerin, ein Übersetzungsprogramm auf ihrem Telefon bedienend, den vorgetragenen Sätzen einigermaßen zu folgen. Wobei sie, mein Zunicken auffangend, sofort dankbar zu flüstern beginnt, auf Englisch natürlich, und mich fragt, was ich von der Situation halte. Wobei sie den Kopf in eine seitliche Flüsterhaltung neigt, die Handinnenfläche wie einen Schutz vor den Mund schiebt. *Man hätte doch einen Übersetzer bestellen können.* Ich schlage vor: Wir könnten es als Pause sehen. Schaffe es aber nicht, die beabsichtigte Ironie in meine Worte zu legen.

Die Kollegin sieht mich enttäuscht an: *Aber ich möchte gern verstehen, was gesprochen wird. Das ist doch sonst unwürdig.* Mit dem Finger zeige ich auf eine kleingedruckte Zeile im Programmheft. Da steht es in der Tat angekündigt: Der Vortrag wird auf Französisch gehalten. Eine freilich schamhaft versteckte Information. Was kann man tun? Sie senkt ihren Blick wieder auf ihr Telefon. Die beiden vorn auf der Bühne referieren, wohl sorgsam eingeübt, weitere zehn Minuten, dann eröffnen sie die Diskussion und bieten an, man dürfe seine Fragen nun auch auf Englisch stellen. Das Ganze hat etwas von einer Komödie. Nur dass niemand lacht.

Auf dem Flur sagt später ein älterer Mann, sich an einem Kuchenstück erfreuend, dass das ein typisches Problem der Westler sei. Er komme aus Bulgarien. Man solle sich einmal vorstellen, jemand würde auf einer internationalen Konferenz in Varna oder Sofia oder sonstwo einfach mal sagen: Ich halte meinen Vortrag auf Bulgarisch. Ist ja meine Muttersprache. Ich darf das. Habe ich alles Recht der Welt dazu, sie zu sprechen, meine Muttersprache. Da wäre das Gelächter aber groß. Hier in Marseille soll man das nun, gleichsam als inneren Konflikt einer europäischen Kulturkonferenz, als Kampfplatz betrachten, als ernsthaftes Problem und *statement* gar noch. Darüber sollten die *European friends* mal nachdenken.

Es wird jedoch nicht darüber geredet. Was mit dem Kellner am Morgen im Cafe mit wenig Mühe gelang – sich auf das Verstehen zu einigen, das Verstehenwollen –, bleibt im Saal als Missklang, Schatten und Verstimmung hängen, als peinliches Überschweigen, das im weiteren Verlauf des Programms untergeht. (Dabei gibt es im Grunde nichts Erkenntnisreicheres als jemanden zuzuhören, den man nicht versteht und der das nicht wahrhaben will. Der ernste Gesichtsausdruck, die auf Reaktion hoffenden Blicke und man selbst hat schon entschieden, dass man mitspielt bis zu dem Punkt, wo die Wahrheit offenkundig wird: Man hat nur Ahnungen.)

Ich stelle mir vor – ein Anfall von Phantasie im schweren Konferenzsessel –, wie ein örtliches Unternehmen auf die Idee kommt, den Spiegel im Hafen als Miniaturvariante, als Mediumgröße und als Riesenformat herzustellen. Und eine Gruppe von Dichtern und Künstlerinnen versammelt sich und schreibt die Gebrauchsanleitung für dieses touristische Geschenk und Souvenir, produziert in den Vororten von Marseille. Eine Gebrauchsanleitung, die sich wie ein chinesisches Rollbild aus der Verpackung löst und dem Betrachter vor die Augen fällt:

Stellen Sie diesen Spiegel dort auf, wo unklare Situationen entstehen. An einem Familientisch etwa (alle Varianten). Bei Meetings auf dem Kontinent (die Mediumversion), in denen Entscheidungen getroffen werden, ohne dass jemand zusieht.

In Kriegszonen, in die Sie zufällig geraten (ab hier: die Rie-
senvariante), oder genauer: wo Körper (intensive Beobachtung)
sich gegenüberstehen, die darüber nachdenken, handgreiflich zu
werden, loszurennen, um jemand anderen zu überwältigen.
Bei Demonstrationen, wo Sie die Bewegungen der Gegen-
demonstranten kaum einschätzen können, denn Sie stehen zu
weit entfernt von den anderen. Oder denken Sie an das Beispiel
einer Konferenz. Menschen streiten sich darüber, welche Sprache
die angemessene sei, wer das Recht hat, sich auf welche Weise
auszudrücken. Darüber vergeht Zeit. Es entsteht Unruhe. Einer
redet mit jemand anderem über die Rücksichtslosigkeit, mit der
hier vorgegangen wird. Eine Lösung ist nicht in Sicht. Nun
kommen Sie mit ihrem Spiegel. Sie stellen ihn aber nicht auf.
Das ist nicht Sinn und Zweck dieses von Ihnen hiermit erwor-
benen gadgets.
Sie hängen ihn einfach auf. Selbst wenn die Hängung Zeit in
Anspruch nimmt. Keine Sorge: Der Edelstahl ist nicht empfind-
lich. Dann schwebt er, wie in seinem originalen Zustand am
Hafen Marseilles, über den Köpfen aller Anwesenden.
Sodann fordern Sie die Beteiligten auf, wie in einem Plane-
tarium, von Zeit zu Zeit nach oben zu sehen. Verstehen Sie uns
nicht falsch. Es ist kein Märchenspiegel. Er wird nicht sprechen.
Keine Geheimnisse verraten. Niemanden verleumden. Er wird
gar nichts sagen. Denn es handelt sich lediglich um eine polierte
Edelstahlplatte. Doch vergessen Sie nicht: Er ist auch eine
Utopie. Er lässt zu, dass sich Menschen selbst beobachten. Sie
dürfen auf ihre eigenen Köpfe sehen. Auf das Kopfschütteln.
Das Aufstehen und Fortgehen. Dass jemand mit jemand ande-
rem tuschelt. Dass diejenigen, die zuhören wollen, den Raum
verlassen. Er gibt ein Gesamtbild. Dann kann die Komödie
endlich ihr Ziel erreichen und ins Lachen einmünden. Weil die
Bühne an die Decke gewandert ist. Wann ist das schon mög-
lich? Alle auf einmal zu sehen. Aus der Vogelperspektive.

Haben Sie die kleinere Variante erworben, ist der Vorgang sym-
bolisch zu verstehen und Sie spielen mit dem Spiegel, wie Sie
mit irgendeiner anderen Ablenkung Ihren Spaß haben. Verges-
sen Sie nicht, das Fettgedruckte ganz am Ende zu lesen: Dis-
tanz schafft Wohlwollen. Wenn noch Zeit dafür ist. Gedanken
und Körper noch nicht verkeilt sind.

Am Nachmittag halte ich meinen Vortrag. Ich bin nervös.
Das Licht am Pult ist grell wie auf einer Theaterbühne.
Vertraute, unvertraute Gesichter in den gefüllten Reihen.
Es wird Sachlichkeit erwartet. Struktur. Nachweise für das
Gesagte. Der Wissenschaft und den Künsten gleichzeitig
zu vertrauen, ist ein Ideal, das ich mir nicht ausreden lassen will. (Jene Art von Erkenntnis, in der man über Europa
nachdenken kann und sich zugleich die Frage stellt,
warum beispielsweise der große, verzweifelte Europäer
Stefan Zweig bei seinem Selbstmord im heißen brasiliani-
schen Petrópolis diese akkurat gebundene Krawatte trug.)
Langsam fasse ich mich, versuche die englischen Sätze
klar und deutlich zu sprechen. Mir fallen die Gespräche
mit Marthi ein. Wie sie mit ihrem herrlichen Lachen sagte:
„Du musst nur nachahmen. Auch wenn es dir albern
erscheint. Versuche so zu sprechen, wie du es bei mir
hörst, lass den Klang nicht nach unten fallen, wie man es
im Deutschen tut; übertreibe ein wenig, stoß mit der
Zunge an die Zähne, wenn du etwa *the light* sagst. Je frem-
der es für dich klingt, desto näher kommst du dem Ziel."
Dabei bemerke ich genau, wie sich die Konsonanten
meiner Muttersprache in meinem Mund wie harte Stifte in
den Sprachfluss stellen. Konzentriere dich auf deinen Vortrag, ermahne ich mich. Langsam löst sich die Anspan-
nung. Ich blicke auf meine Uhr, die neben dem Pult liegt.
Das nachtblaue Ziffernblatt mit dem hauchdünnen Sekun-

denzeiger als vertraute Aufforderung: Du wirst genau in der Zeit bleiben. Du hast noch zehn Minuten. Das ist eine Form des Höflichen, die dir wichtig ist.

Nach dem Vortrag folgen die üblichen Fragen. Wobei viel Mühe darauf verwendet wird, bevor es zu den kritischen Punkten kommt, erst einmal umständlich zu loben und zu preisen. Sie haben da einen wichtigen Punkt berührt, aber. Und es gefällt dir, mit den gleichen Umständlichkeiten zu antworten: Ich bin froh, dass Sie das so sehen. Es ist ein hilfreicher Hinweis, den Sie hier geben. Da haben Sie offensichtlich etwas gesehen, das mir entgangen ist.

Mögen es öde Hüllen und Blasen sein, sie aussprechend merke ich, dass sie wie ein Balsam wirken. Keine Lügen, sondern sich findende Sätze, die wie ein Zusammenschließen der Hände signalisieren: Ich bin nicht aufs Kämpfen aus.

Abends im Hotel telefoniere ich mit einem Freund. Die vertraute Stimme, das Plaudern und Sich-auf-dem-Bett-Ausstrecken. Sich versichern, dass zuhause das Leben weitergeht und jemand dich so behandelt, als wäre ohne dich in diesem Weitergehen eine Leerstelle.

Auf dem Bildschirm meines Computers ist eine Internetseite geöffnet, die in Echtzeit alle im Augenblick in der Welt losgeschickten Twitternachrichten aufleuchten lässt. Ein Blitzgewitter an Punkten und Lichtsternchen über der Weltkarte. Ich beobachte beim Telefonieren die seltsamerweise nicht unruhig wirkende Bildschirmfläche, die anzeigt, dass auch andere miteinander zu tun haben. Würde man auch eine website finden können, die alle im Augenblick stattfindenden Telefonverbindungen anzeigt?

Ich beende das Gespräch. Unten auf der Straße sehe ich, wie Wagen vor dem Hoteleingang parken. Zwei Autos hintereinander, auf dem Fußweg. Junge Männer steigen aus. Offensichtlich holen sie Leute aus dem Hotel ab. Ich höre durch das geöffnete Fenster laute Musik aus den Autos. Französischer Hip-Hop. Dann fahren die Autos wieder ab.

Nach dem Duschen gehe ich noch eine Weile durch die Straßen des Viertels in Richtung Hafen. Nochmal den Spiegel sehen? Unterwegs fällt mir ein Lied der französischen Sängerin Corinne Douarre ein, auf das ich immer in ihren Konzerten warte. „J'suis à l'ouest". Ich bin im Westen.

Sie hatte mir einmal erzählt, der Titel des Liedes gründe auf einem Slangausdruck aus Pariser Vororten. Er würde so viel bedeuten wie: Ich stehe neben mir, ich fühle mich verloren. Eine Form trotziger Verzweiflung. Auf der Studioaufnahme des Liedes hört man in den ersten Sekunden ein Geräusch, das wie ein perlendes Kratzen klingt, als ob Finger durch eine Schale mit körnigem Sand streichen. Ich summe Melodiefragmente des Liedes vor mich hin. Dieses Mal muss ich kein zweites Mal den erwählten, erzählenden Ort besuchen. Es reicht, eine Straße vor sich zu sehen, ohne Namen zu notieren, ohne aufzuzeichnen und zu registrieren.

Neunter Ort: Dair Mar Musa al-Habaschi und die Sehnsucht der Europäer

Die meisten Gäste sind schon angekommen. Die Wohnung in der Frankfurter Allee ist hell erleuchtet. Jemand hat eine grün blinkende Lichtreklame wie eine Skulptur auf den Boden gelegt. Die Reklame ist zudem noch mit einer Leuchtschnur umwickelt, wie man sie zu Weihnachten in der Stadt um die Bäume schlingt. Auf dem Tisch in der Küche steht das Essen. Bulgursalate, Nudeln, Kuchenplatten und Obstteller.

Die mitgebrachte Flasche Wein stelle ich auf die Anrichte. Zwänge mich durch die Leute, erkenne hier und da ein vertrautes Gesicht, unterhalte mich und versuche, meine Abneigung gegen diese Art von Gesprächen zu überwinden. In der Nähe des Balkons entdecke ich die Gastgeberin, Hanna. Ich habe sie lange nicht mehr getroffen, freue mich, ihre Stimme zu hören, dass sie immer noch so euphorisch erzählen kann (und dabei auf jegliche Übertreibungen verzichtet). Ohne Fremdeln und Distanz sprechen wir miteinander. Sie arbeitet in München bei einer großen deutschen Stiftung. Ihre neue Freundin, welcher die Wohnung gehört, lebt indes in Berlin. Ich werde der Lebensgefährtin vorgestellt.

Wissend, dass mir in solchen Situationen immer das Falsche einfällt, sage ich, dass ich Hanna als rhetorische Kämpferin kenne. Die Freundin ist irritiert. Hanna schenkt mir einen Kopfschütteln-Blick.

Ich füge schnell hinzu, dass wir einmal gemeinsam von Damaskus nach Beirut gefahren seien. In dem klapprigen Limousinentaxi hatte der Fahrer einen überteuerten Preis genannt und Hanna, damals beim Goethe-Institut tätig, schon perfekt Arabisch sprechend, hatte binnen Sekunden mit krachender Freundlichkeit den Preis auf seine realistische Höhe bzw. Tiefe gebracht und unseren Fahrer in ein Lamm verwandelt. *Ach so.* Der Kopfschüttel-Blick verwandelt sich in einen Du-hast-es-gerettet-Blick.

Während Hanna mir ein Glas Wein einschenkt, sehe ich sie an und denke: War das wirklich die Zeit vor dem Krieg in Syrien, dass wir zusammen in dem Taxi in Richtung Libanon fuhren, und sie sich durch nichts aus ihrer heiteren Grundverfassung reißen ließ? Dass wir uns wenige Tage später, zurückgekehrt nach Syrien, hoch oben über der Wüste im Kloster Dair Mar Musa al-Habaschi im Gebirge des Anti-Libanon nicht mehr sicher waren, ob der italienische Priester, der uns auf dem Plateau empfing, ein Stück sanftes Europa oder eine verstörende Verwilderung zeigte? Das Gesicht des Mannes, sein Charisma, der gepflegte weiße Bart und das schnelle Wechseln seines Gesichtsausdrucks zwischen Zuneigung und Strenge.

Das Wort *Zurückfallen* aus meinen Aufzeichnungen drängt sich in meine Gedanken. Der Unterschied zwischen Erinnerung und Zurückfallen, zwischen dem, was man erinnern will und dem plötzlich Hineingezogenwerden in eine Zeit, die längst vergangen ist und auf einmal als Nebenwirklichkeit wie ein Schemen auftaucht, sich einmischt, Gegenwart wird. In diesen Strudel zieht es mich wie in ein inneres Zeitloch.

Die Taxifahrt nach Beirut, ja, und dann sofort ein anderes Bild: ein Bus, der sich der Wüste nähert. Hanna in der Reihe vor mir. Erschöpft lehne ich den Kopf an das Seitenfenster. Wind, der durch die Fensterspalten fährt. Der Bus ruckelt und lässt jede Bodenerhebung der Straße spüren.

Der Vorhang löst sich aus der Klemmung und streift immer wieder mein Gesicht. Die Augen schließend, höre ich die Geräusche des Busses, das Klingeln und Musikab-spielen der Telefone, die den quengelnden Kleinkindern von ihren Müttern zur Ablenkung ans Ohr gehalten wer-den.

Plötzlich legt sich eine Hand um meine Schulter, die, immer wenn der Vorhang von einem Luftzug emporgeho-ben wird, ihn vorsichtig von meinem Gesicht wegzieht. Fürsorglich wartend und dann von neuem die Störung abwehrend. Ich will nicht wissen, wer mir diese Fürsorge angedeihen lässt und lasse die Augen geschlossen. Ein zufälliges Geschenk des Augenblicks. Als ich die Augen öffne, sehe ich, dass ein junger Mann neben mir sitzt, kaum älter als zwanzig Jahre. Seine warme Handfläche, da der Bus langsamer wird und die Windintensität abnimmt, ruht weiterhin wie selbstverständlich auf meiner Schulter. Als der Bus stoppt, lächelt er mich an und reiht sich in die Reihe der Aussteigenden ein. Hanna beantwortet meinen fragenden Blick. So ist das hier. Die Männer sind zärtlich zueinander und nennen es Freundschaft.

Ich bin übermüdet von der Fahrt aus der Hauptstadt Damaskus. Die unvermittelte Nähe des jungen Mannes war eine Wohltat. Wir besteigen einen kleinen Van, der uns zu den Eingangsstufen des Klosters bringt. Hanna hatte gesagt, es sei ein besonderer Ort, wiederbelebt von Europäern. Schon seit über tausend Jahren hatten in der Bergeinöde Einsiedler gelebt. Der heilige Moses von Abessinien und in der Folge weitere Asketen, die sich in Höhlen zurückzogen, um sich dem Göttlichen näher zu fühlen.

Es führt keine Straße zum Kloster hinauf. Nur ein end-los langer, sich in den Berg hinein windender Steinstufen-weg, den man zu Fuß bezwingen muss. Es ist heiß. Wir nehmen Stufe um Stufe, bewegen uns langsam auf die Plateaufläche des Berges zu. Der Van ist unten im Tal weitergefahren. Das Geräusch unserer Schritte auf den Steinen. Windstöße rauschen von Zeit zu Zeit über den Weg. Zum ersten Mal sehe ich die Wüste, die ersten Ausformungen des riesigen Sandgebietes. Das Luftflirren über der gelbdunstigen Weite. Die Schuhe sind nach wenigen Minuten mit feinen Staubpartikelchen übersät.

Oben erwartet uns ein Terrassenplatz, über den ein großes weißes Segel als Sonnenschutz gespannt ist. Niemand ist zu sehen.

Auf einem Tisch stehen Wassergläser. Seitlich liegt ein kleiner Anbau, offensichtlich eine Küche, deren schmale Eingangstür offensteht. Drinnen in dem dämmrigen Raum befinden sich auf großen Tabletts Schalen mit frischem Quark und den runden, landesüblichen Brotfladen. Wenn man sie auseinanderreißt, öffnen sie sich zu Taschen. Ein kleines Schild begrüßt auf Arabisch und Englisch die Gäste und fordert dazu auf, sich zu bedienen. Als Pilger, der den Ort ehrt, sei man willkommen.

Wir stellen unsere Rucksäcke ab, greifen nach den aufgestapelten Tellern und setzen uns mit dem einfachen Essen draußen auf die Terrasse. Der Abhang fällt steil ab. Immer wieder schießen Windböen über die Terrasse und erzeugen ein leichtes Blähgeräusch in der Segelüberspannung.

Hanna sieht mich zufrieden an: *Was habe ich Dir gesagt?* Der Ort ist eine Feier scheinbarer Verlassenheit, in der doch offensichtlich ein System von Vorbereitung, Zurüstung und Begrüßung herrscht.

Die Tür eines Seitentrakts öffnet sich. Ein Mann um die fünfzig, weißes Hemd, dunkle Hose, gepflegter Vollbart, überquert den Platz, seine Brille in der Hand haltend, grüßt uns kurz und spricht dann mit einem der jungen Männer, die hinter ihm aus der Tür kommen, offensichtlich daran gewöhnt, sich dicht in seiner Nähe zu halten. Einer von ihnen löst sich aus der Begleitgruppe, der auffordernden Kopfbewegung des Älteren folgend, und spricht uns auf Arabisch an. Hanna geht ihm entgegen, plaudert, ihr schnelles, fröhliches Arabisch sprechend, stellt uns vor, woraufhin uns der Mann, der kaum älter als achtzehn Jahre sein kann, aufmerksam mustert und uns einlädt, so viel zu essen, wie wir wollen.

Hannas Stimme ist nicht laut. Jedoch ihre Sicherheit in der anderen Sprache erlaubt ihr, ausführlich zu sein. Während sie die üblichen Auskünfte über Herkunft, Deutschland, Berufe und unseren Ausflug übermittelt, sehe ich, dass der ältere Mann mit der Brille sich umwendet und zu uns zurückkehrt. Offensichtlich hat der Umstand, dass eine ausländische Besucherin die hiesige Sprache spricht, seine Neugierde erregt. Er ruft etwas auf Arabisch in unsere Richtung. Unser Betreuer weicht sofort zurück und überlässt ihm den Platz des Begrüßenden.

Der Mann stellt sich uns als Pater Paolo Dall'Oglio vor, er stamme aus Italien und sei der Prior des Klosters. Bevor er ins Englische wechselt, spricht er für einige Momente mit Hanna auf Arabisch. Es wirkt wie ein Kräftemessen, eine rasche Überprüfung, ein Abtasten der vorhandenen Kenntnisse. Zugleich erzeugt der Wortwechsel bei ihm eine nur mühsam versteckte Übellaunigkeit, denn es ist nicht zu übersehen, wie anerkennend zwei seiner Eleven dem kurzen Austausch folgen.

Eine weiße, unverschleierte Frau, die ohne Scheu und Ehrfurchtsgesten mit dem Haupt des Klosters spricht, das geschieht auf dieser Terrasse offenbar nicht alle Tage. Dall'Oglio erklärt uns, dass es sich bei dem Kloster Dair Mar Musa al-Habaschi um keinen gewöhnlichen religiösen Ort handle. „Wir suchen hier nach den Wurzeln des

Glaubens in diesem Land, in dem so viele Ursprünge unserer Kultur liegen."

Man versuche, das Christentum und den Islam miteinander zu versöhnen. Die gemeinsamen Quellen wieder freizulegen. Das sei die große Aufgabe des Klosters. Während er spricht, beobachtet er uns. Er nimmt Raum ein. Zeigt seine Autorität. Ohne den Faden seiner Ausführungen zu verlieren, unterbricht er zuweilen seinen Satz, um jemandem aus der Gruppe der jungen Männer etwas zuzurufen.

Er fordert uns auf, ihn in sein Büro zu begleiten. Er wolle uns etwas zeigen. Aus einem Regal zieht er einige Rollen hervor. Zusammengeschnürte Plakate, die aus hauchdünnem, knisterndem Papier bestehen. Es sind Baupläne, anhand deren Linien und Eintragungen er uns die Ausbauschritte für das Kloster zeigt. Das Geld sei das drängendste Problem. Man müsse Überzeugungsarbeit leisten, durchhalten, findig werden.

Ob wir planten, die Nacht hier zu bleiben? Er könne uns drüben in der ausgebauten Höhle Schlafplätze anbieten, alles auf der Grundlage von Spenden, versteht sich. Wir seien Gäste des Klosters. Es stehe für alle Konfessionen offen, auch für Nichtgläubige.

It is a place for peace.

Er lässt den Satz im Raum stehen wie eine Zusammenfassung alles zuvor Gesagten. Wie damals bei den Kindern von Osijek scheint auch hier ein Grundsatz zu wirken, dem alles andere untergeordnet wird, weil er nicht falsch sein kann: Frieden benötigt eine Idee, wie er gehen kann. Nur: welcher Frieden ist gemeint? Der in den von ihm geordneten Zonen des Klosters, weitab der übrigen Städte, oder ein größerer, der von dem Ort aus- und hinausgehen soll, ein Schule machendes Beispiel? Aus Europa exportiert?

Warum bin ich so skeptisch, wenn solche Sätze auftauchen? Skeptisch sein: die leichteste Form, in sich selbst ein merkwürdiges Gefühl von Scharfsinn aufzurufen und sich dabei gleichzeitig ehrbares Wohlbefinden zu verschaffen. Ich zweifle und finde zugleich keine Rechtfertigung für mein dauerndes Infragestellen des Gesehenen.

Paolo Dall'Oglio lädt uns ein, am Gottesdienst teilzunehmen. Er beginne in einer Stunde, drüben in der Basilika. Dort könnten wir nachvollziehen, wie die beiden Religionen sich begegneten. Dann weist er einen der zuhörenden Begleiter an, uns die Höhle und unsere Schlafplätze zu zeigen. Er müsse sich weiter mit den Bauplänen beschäftigen.

Hanna, nach ihrem Rucksack greifend, sieht mich kurz mit einem wohlwollend-spöttischen Blick an, der zugleich eine gewisse Überraschung in sich birgt. *Damit habe ich nicht gerechnet.*

Wechsel des Zeitenblicks, die Wohnung in der Frankfurter Allee: Hanna, umdrängt von den Partygästen in der Küche, schenkt Wein nach und sagt: „Der Priester war eigenwillig. Wusstest du, dass er seit längerem vermisst wird? Er ist wohl nach Raqqa gefahren, um sich in der Stadt für Verschleppte einzusetzen. Dort hat man ihn entführt. Niemand weiß, ob er noch lebt oder gleich nach der Entführung ermordet wurde. Entschuldige mich kurz."

Während sie auf den Balkon geht, gebe ich in meinem Telefon seinen Namen bei einer Suchmaschine ein. Ein katholischer Nachrichtendienst vermeldet in einer Newsrubrik, es gebe Hinweise darauf, dass Paolo Dall'Oglio noch lebe. Die syrische Regierung hatte ihn ausgewiesen, nachdem er in einem Artikel Menschlichkeit und eine friedliche Lösung für den Bürgerkrieg eingefordert hatte. Er war jedoch der Ausweisung nicht gefolgt und hatte sich stattdessen, trotz des Verbots, weiter im Land aufgehalten.

Sein Wikipedia-Eintrag zeigt eine Fotografie, auf der sein Gesicht von der Erinnerung, die ich an ihn habe, abweicht. Eine schwarze Baskenmütze auf dem Kopf, den Bart kurz geschoren, die Lippen halb geöffnet, sieht er aus wie jemand, der gerade einen wichtigen Anschlusszug verpasst hat. Eine Mischung aus Ärger, Staunen, vielleicht auch Angst. Dann heißt es in lapidarem Informationsdeutsch:

„1982 kam der Jesuitenpater Paolo Dall'Oglio aus Italien nach Syrien. Er wandte sich ab von christlichen Machtansprüchen und suchte im Ursprungsland christlicher Askese seine Berufung und den Dialog. Ab 1984 begann er das verfallene Kloster wieder aufzubauen. Zunächst nur unterstützt von Freiwilligen der Gegend und einzelnen Europäern. Es bildete sich eine informelle Lebens- und Arbeitsgemeinschaft unter seiner Führung."

Unter seiner Führung … Das Wort trifft einen Nebensinn der Bilder, denen ich begegnet war. Wieder sehe ich uns in seiner Kirche sitzen. Ein dunkler, gewölbter Raum, ähnlich den byzantinischen Dämmerhallen der Kirchen aus dem 12. Jahrhundert auf dem Peloponnes, jedoch erhellt von unzähligen Kerzen. Es ist früher Abend; drinnen im Raum ist es bereits nächtlich. Umständliche Rituale laufen vor unseren Augen ab, Rituale, die um einen Kern und eine Mitte kreisen, in der, bekleidet mit einem weißen Gewandüberwurf, der Priester thront und Anweisungen gibt. Links und rechts von ihm reichen die ebenfalls weiße Obergewänder tragenden jungen Männer ihm, dem das Ritual Führenden, einen Kelch zu. Es wird auf Arabisch gesprochen. Menschen aus den umliegenden Ortschaften sind den Weg zu Fuß nach oben ins Kloster gekommen, mit gesenkten Köpfen den Raum betretend, und sitzen nun vor uns, darunter einige Frauen und Kinder.

Es ist eine Art Halbkreis, in dem sich die Gläubigen im Kerzenschimmern versammeln. Die meisten kennt Dall' Oglio beim Namen.

Es ist sein Reich, seine Idee, sein Traum von einer christlich-islamischen Freundschaft, europäisch in all seinen enthusiastisch ausgeprägten Formen, europäisch wohl auch in der Inszenierung der nicht aufzuhaltenden Heilsbringerschaft, die in jeder seiner Gesten verborgen liegt.

Er spricht eines der Mädchen an – sie ist kaum älter als elf Jahre –, sie solle einen Vers vortragen, der in dem vor ihr aufgeschlagenen Heft steht. Die Stimme des Mannes ist warm, ermutigend. Die Mutter stößt ihre Tochter leicht an. Es scheint ihr eine Ehre zu sein, dass gerade ihr Kind aufgerufen wird.

Das Mädchen beginnt zu lesen. Der Priester schiebt seine Brille auf die Nase und folgt dem Vorgetragenen in seinem Heft Wort für Wort. Er unterbricht sie. Die Stimme verändert sich. Ein unduldsamer Ermahnungston mischt sich in seine Stimme. Doch vielleicht höre ich das nur als solchen. Hanna neigt den Kopf zu mir und sagt: „Seiner Meinung nach hat sie das Wort nicht richtig betont und damit seinen Sinn verfälscht."

Das Mädchen, sich über die Knie streichend und zu ihrer Mutter blickend, zögert einen Augenblick, sie versucht es von neuem. Er nickt freundlich. Nun war es richtig. Sie fährt fort zu lesen, dann hat sie es geschafft. Ein Klingeln und Tönen ist zu hören, ausgelöst von den jungen Männern, die nun, in der Dunkelheit, hinter dem Priester aufstehen und mit glänzenden Goldschalen und Glöckchen hantieren. Alles wirkt genau durchdacht, macht Anspielungen, bezieht sich auf jahrhundertealte Rituale und zielt zugleich unübersehbar auf den Mann in der Mitte, auf den Priester, auf jenen, dessen Sehnsucht es ist, in diesen

Mauern auf einem windigen Hochplateau zwei Religionen miteinander auszusöhnen. Hanna gibt mir ein Zeichen. Sie möchte gehen. „Mir ist das unheimlich."

Draußen auf der Terrasse wirkt das riesige aufgespannte Segel noch größer als am Tage. Unten in der Ebene sind kaum Lichter zu sehen. In der Luft fließen Kaltströme durch die schnell zurückweichende Wärme. Ich habe das Gefühl, hier, weit weg vom Kontinent, in einer europäischen Diaspora zu stehen, welche mich schreckt und zugleich fasziniert.

Alles, was ich später über den Priester und sein Kloster lesen werde, preist den Einsatz des Mannes. Seine Menschenliebe. Seine Sehnsucht nach Frieden. Sein Verschwinden in Raqqa, während das Kloster noch unmittelbar in Bauarbeiten steckte. Seine in Rom vorgelegte Doktorarbeit, die sich mit der „Hoffnung im Islam" beschäftigte.

Mein Bett in der Höhle ist in einer ausgeschlagenen Steinnische untergebracht. Ich packe meine Sachen aus und ziehe mir einen Pullover an. Noch einmal nach draußen tretend, sehe ich auf einem kleinen Vorsprung eine Gruppe junger Männer stehen, erkenne auch denjenigen, der uns als erster auf dem Plateau begrüßt hatte.

Hinter dem Platz, wo sie reden, sieht man das Kloster in seiner ganzen Größe auf dem Plateau ausgebreitet. Wenige Lampen erhellen das Gelände. Ich stelle mich zu den jungen Männern. Der mir bereits Bekannte fragt mich, ob ich Zigaretten dabei habe.

Aus der Nähe sehe ich, dass ihm kaum mehr als ein Flaumfeld als Oberlippenbärtchen wächst. Ich müsse schauen, sage ich, ob sich irgendwo in meinem Rucksack ein Päckchen finden lässt. Als ich mit den Zigaretten aus der Höhlenunterkunft zurückkomme, sind einige gegangen. Die anderen greifen nach der Schachtel und rauchen erst verlegen, dann mit zunehmender Freude. Der junge Mann beginnt zu erzählen, dass ihm Hip-Hop und Rap-Musik gefalle. Er schreibe auch eigene Lieder im Stil des amerikanischen Hip-Hops. Er habe einmal in Damaskus eine Platte aus den USA geschenkt bekommen. Pater Paolo möge aber nicht die Worte, die da verwendet werden. Sie seien kalt und unfreundlich. Die Songs klängen jedoch nicht so gut ohne diese Worte. Das sei ein Problem.

Welche Worte meine er denn genau, frage ich. Ein Beispiel?

You know, this one with mother.

Ich frage, ob er *motherfucker* meint. Genau das. Er lacht erleichtert. Plötzlich scheint er Vertrauen zu fassen. Er sagt, in seinen *lines* würde er es gut machen.

Er stimmt einen Song an, sehr leise, fast schamhaft. Plötzlich reißt er die Hand hoch als Signal: nun kommt die schwierige Zeile!

I'm a mother-beebeebee.

Er sieht mein Lächeln. Was machst du mit dem Wort fuck, frage ich ihn. Er schüttelt den Kopf. Da geht es nicht. Immer, wenn es schmutzig wird, erklärt er mir, setze er *bee-beebee* ein. Sonst müsste man es weglassen. *You understand?* So verliere man nicht den Rhythmus. Anerkenndes Nicken allseits.

Er greift nach einer weiteren Zigarette. Ich frage ihn nach seinem Leben im Kloster. Ob es ihm gefalle. Er sieht mich an und sagt: Anfangs habe es ihn nur am Rande interessiert. Er sei immer wieder aus seinem Dorf zu den Gottesdiensten gekommen. Pater Paolo sei ein guter Mann. Er kümmere sich. Man könne ihm alles sagen und er höre zu. Es sei ein gutes Leben hier oben. Er vertraue Paolo.

It's a good life here.

Er will noch mehr erzählen, doch plötzlich verstummt er. Es sind Schritte zu hören. Der Priester kommt die kleine Stufentreppe zu dem Vorsprung heraufgelaufen.

Er trägt nun Jeans und ein schwarzes T-Shirt. Jeder Eindruck von Erhabenheit und Willkür ist plötzlich verschwunden. Er kommt auf mich zu, reicht mir die Hand und fragt, ob er auch eine Zigarette haben könne. Die jungen Männer scheinen seine Anwesenheit wie die eines Freundes zu empfinden. Der Priester wischt sich mit der Hand über die Stirn. Es sei heute ein langer Tag gewesen. Der Ärger mit den Neubauten nehme kein Ende. Aber so sei es ja die ganze Zeit gewesen. Man müsse Geduld haben. Man habe es ihnen immer wieder schwer gemacht, doch auf die Unterstützung aus den Dörfern sei Verlass.

Das Kloster gehört den Leuten, sagt er, es gehört allen. Er stößt den Rauch aus. Das Problem ist doch, fährt er fort, dass ich als Priester eigentlich nichts vom Bauen verstehe. Ich musste mir alles selbst beibringen. Statik. Der Umgang mit den Messgeräten. Das Lesen der Zeichnungen. Das hätte ich in Italien nicht gebraucht.

Er spricht nun auch die anderen an, unterhält sich, wirkt gelöst, nahbar. Keine Spur der großen Friedensbotschaft mehr. Dafür ein Mann, der eine Ausnahme in seinem Tagesablauf macht, der müde ist und noch nicht ins Bett gehen will. Er drückt die Zigarette auf dem Boden aus und lässt sie dort liegen. „Es ist spät, ich bin müde. Bleibt nicht mehr zu lange draußen. Es wird kalt." Er geht zurück in Richtung des Hauptgebäudes.

Was ist das für ein Frieden, der an diesem Ort gemeint ist?, denke ich auf meiner Liege. Auch Marthi hatte das gesagt, wenn auch in ganz anderen Zusammenhängen: *This is peacework what we are trying to do here.* Und ich war störrisch skeptisch geblieben. Die auffälligen Inszenierungen von Begegnung, Dialog und Einsamkeit, absurde Rituale und aus allen Traditionen zusammengesuchtes Schalenklingeln: Erfüllte das die große Proklamation? War das der gesuchte Frieden? Stattdessen waren es in Wirklichkeit die paar zufälligen Minuten des nächtlichen Beisammenseins am Rande des Geländes gewesen, Menschen unter sich, die plötzlich Nähe entstehen ließen.

Am nächsten Morgen frage ich den jungen Mann, der die Unterkunft in der Höhle betreut, ob es eine Dusche oder eine Waschstelle gebe. Es ist noch sehr früh.

Das Licht beginnt schon, die Dinge in gestochen scharfen Umrissen zu zeigen. Er führt mich zu einer aus Beton errichteten Hütte. Sie besitzt keine Fenster, nur breite Ritzen, durch die man weit in die Ferne sehen kann. Aus dem Blechkopf der Dusche rieseln vereinzelte Wassersträhnen. Nun siehst du in die Wüste. Seit Tagen erfüllt dich das erste Mal das Gefühl eines Zur-Ruhe-Kommens. Wie ein Hungerstillen ist dieses Sehen auf eine Landschaft, in der sich nichts zu bewegen scheint.

Obgleich kaum noch Wasser aus dem Blechkopf fällt, bleibe ich stehen und betrachte den Ausschnitt Land zwischen den Betonritzen.

Das Frühstück folgt dem gleichen Prinzip wie das Begrüßungsessen. Die Küche steht offen. Wir holen uns Teller, Fladen und das, was in den angerichteten Schalen zu finden ist. Zwei der Männer vom Vorabend queren den Segelplatz (windstill nun), grüßen uns, scheinen noch in einer tiefen Müdigkeit befangen zu sein. Von Paolo Dall'Oglio ist nichts zu sehen. Wir überlegen, ob wir noch einmal zu seinem Büro gehen sollen; insgeheim wissen wir jedoch, dass er seinen gestrigen Auftritt als Abschied verstanden hatte.

Das Kloster mit seinen Mauern und seinem Nestcharakter liegt vor uns, still und auf sonderbare Weise leer wirkend. Eine Leere ohne Bedrohungen. Im Gegenteil. Das sich blähende Segel wirkt wie ein Versprechen, dass der Platz, der sich dem Tal und der Wüste öffnet, das eigentliche Zentrum der hoch gelegenen Einöde ist.

Dann ist die Erinnerung verschwunden.

Ich könnte nicht mehr beschreiben, wie der Abstieg ins Tal verlaufen ist. Welche Windverhältnisse herrschten auf dem Weg zurück. Oder ob es so ruhig blieb wie oben auf dem Plateau.

Als der Bürgerkrieg in Syrien begann, die ersten Nachrichten der großen Flucht- und Wanderbewegungen eintrafen, hatte ich mich gefragt, ob sich wohl auch Menschen in den Höhlen des Plateaus versteckt hielten. Ob das merkwürdige Kloster, zumindest zeitweise, einen Zufluchtsraum bildete. Jetzt, so viele Jahre später, begegne ich diesen Bildern und Fragen in der von Gesprächen, Jazzmusik und Stimmen erfüllten Wohnung in der Frankfurter Allee wieder. Was habe ich gesehen? Und was wollte ich sehen?

Der Ort, obgleich topografisch nicht zu Europa gehörend, setzt sich auf meine Kontinentskizze – als eine Art Spiegelort, in dem das Europäische als Bewunderung und Furcht gleichermaßen aufscheint, die Untiefen und die Sehnsüchte jener Geschichten offenbarend, die mich begleiten.

(Stunden später, zuhause in meinen Notizen von damals blätternd, fällt mir noch das Gesicht eines Gauklers ein, ein Mann, der in einer kleinen Stadt in der Nähe von Aleppo auf Stelzen am Abend über einen dicht mit Menschen gefüllten Festmarkt läuft, Zylinder auf dem Hinterkopf, zu kurzes schwarzes Jackett über den Hüften, übertriebene Mimik. Wie er sich zu den Kindern hinabbeugt, und sich nicht darum schert, dass ihm die Erwachsenen kaum einen Zoll Aufmerksamkeit schenken. Er trubelt vor sich hin und könnte dieses von Kindern geliebte Theater überall aufführen. *Lös dich von den Orten – ich bin hier!)*

Zehnter Ort: Istanbul und die übriggebliebenen Wörter

Der Fahrer dreht das Radio in seinem rosafarbenen Buick auf. Er legt die Hand auf das Lenkrad, lehnt den Ellenbogen mit den Tätowierungen aus dem Seitenfenster. Zwei Sicherheitsleute in dunkler Kleidung öffnen die Straße für den Wagen, gehen wie Boten und Ausrufer vor den mächtigen Metallschnauzen her. Hinter dem Buick folgen weitere Straßenkreuzer, welche sich durch die enge Gasse schieben. Sie gleiten an den geöffneten Türen der Geschäfte und Kebap-Keller vorbei; da es Sonntag ist, hängen einige der Gatter unten. Das Viertel ruht aus. Die Touristen zwängen sich auf dem Fußweg in Richtung Galataturm. In den Durchblicken zum Bosporus, steil die Straßenfluchten hinunter, scheint herbstliches Wasserblau auf, ein kühles, kräftiges Leuchten.

Die Wagen schieben sich voran wie eine mexikanische Leichenprozession, farbig, laut, mit einer grellen Fröhlichkeit im Sonntagsbezirk von Şişhane.

In einem Hauseingang tauchen Polizisten auf, blicken sich um, reden miteinander. Pflanzengestrüpp hängt in Form einer Brücke über der Straße. Ich frage in einem Hotel nach dem Jüdischen Museum der Türkei, das mir Freunde empfohlen haben. Schulterzucken. Mein Telefon hat keinen Netzempfang, um einen Kartendienst aufzurufen.

Nach einer Weile merke ich, dass ich immer wieder am Eingang des Museums vorbeigegangen bin, ohne ihn zu erkennen, und mein Erfragen jeweils in den Nachbarhäusern und nahegelegenen Hotels stattgefunden hatte. Von dem Museum hatte niemand etwas gehört oder gewusst.

Eine schwere Tür öffnet sich. Der Securitymann im unvermeidlich schwarzen Anzug und mit dunkler Krawatte mustert mich, als ob es ein Wunder sei, dass zu dieser Zeit jemand klingelt und die Ausstellung sehen will. Er dreht meinen Ausweis in den Händen, sodann scheint ihm etwas klar zu werden. *Ah, from Germany, of course.*

Freundlich legt er mir die Hand auf die Schulter. Ich frage ihn, beinahe als ob es nicht um meine Person gehe, warum *of course*. Er wirft das Kinn beruhigend nach oben und schiebt mich durch die Sicherheitsschranke, wie jemanden, den man schnell von weiteren Fragen abhalten muss. Das joviale Einverständnis von Sicherheitsleuten, sobald sie erkannt zu haben glauben, wer vor ihnen steht. Meinen Ausweis behält er ein. Tasche, Jacke, Schlüssel und Telefon gibt er mir einzeln und zeitversetzt zurück, aufmunternd auf die Tür weisend, die hinter der Schranke auftaucht.

Wenig später verstehe ich seine ruhige Versonnenheit. Das Museum wird nur von Ausländern besucht. Vielleicht liegt es auch am Sonntag, dass niemand da ist. Es liegt hinter so vielen Türen versteckt, dass es selbst bei den Einheimischen, die lange in Istanbul leben, das Gerücht gibt, wie mir später Leute erzählen, man müsse sich Wochen vorher anmelden, um das Gebäude überhaupt betreten zu können.

Unten am Tresen sitzt eine Frau und trinkt Kaffee. Neben ihr liegt eine Zigarettenschachtel. Das Ticket abreißend, fragt sie mich, woher ich komme. Das Unvermeidliche geschieht auch hier: *Ah, Germany.* Wohlwollen und

Erkenntnis. Ist der Besuch eines Deutschen in einem Jüdischen Museum ein Charakteristikum?

Ich kenne einige der kleineren jüdischen Museen auf dem Kontinent. Meistens bin ich nicht enttäuscht, wenn ich sie besuche. So unterschiedlich ihre lokalen Geschichten auch sein mögen, sie kommen alle immer wieder auf ähnliche Dinge zu sprechen. Das Inventar von Häusern, der Ablauf von Ritualen, Gerätschaften, Schriften, das Verbergen von Schrift, die Abwehr von Nachstellungen und Verfolgungen, erzwungene Wanderbewegungen und die Gabe des Neubeginnens. Das allein würde mir den Ort aber nicht nahebringen. Zumal das Museum gefüllt ist mit den Portraits von Herrschern und Sultanen wie Bayezid dem Zweiten, der nach der Ausweisung der sephardischen Juden aus Spanien im Jahr 1492 Flüchtende in der Stadt aufgenommen hatte, und in der Mitte einer Vitrine mit seinem Bilde thront. Der weiße Turban überwölbt den Kopf des Mächtigen wie ein Kissen. Turmartig aufgerichtet, scheint er auf die Augenbrauen zu drücken. Der Blick des Herrschers ist ernst nach vorn gerichtet. Großformatige Zitate preisen seine Weisheit und Güte. Und ein wenig scheint es, als ob betont werden müsse, dass alles Ausgestellte zur Wertschätzung des untergegangenen Osmanischen Reiches beizutragen habe.

Durch die Räume streifend – nun entdecke ich auch ein älteres amerikanisches Ehepaar, das sich in die Fotografien von Hochzeitspaaren vertieft hat, die in den siebziger Jahren in Istanbul in Festkleidern unter schlichten Baldachinen stehen –, höre ich Stimmen aus einem Fernsehbildschirm. Im Hauptraum wird ein Video gezeigt. In ruhigen Schnittfolgen sind die Gesichter junger Frauen zu sehen. Mit großen offenen Augen blicken sie in die Kamera. Unter ihnen läuft eine englische Übersetzung.

Die Frauen erzählen davon, wie sie in ihrer Kindheit von ihren Großeltern, einige auch noch von ihren Eltern, das Judenspanisch gehört hatten, zuweilen auch Ladino genannt, die Sprache der Einwanderer aus Spanien.

Jede der Frauen erinnert andere Vokabeln aus ihrer Kindheit. Manche sagen: Ich erkenne die Wörter noch, doch sie sind in mir verschwunden. Andere: Wir haben noch als Kinder die Lieder gesungen und nie den Sinn der Wörter verstanden, aber sie hatten immer diesen besonderen Klang und daher erinnern wir uns an sie. *Beautiful words, words about love: mia kerida, mia alma.*

Ohne einen Anflug von Melancholie – im Gegenteil, lachend und nachdenklich zugleich – erzählen die Frauen von Erinnerungen, die nur noch in Bruchstücken in ihrem Leben anwesend sind und doch aus einer weit entfernten, großen Wanderungsgeschichte kommen.

Ihre Stimmen sind wie ein Gegenentwurf zu den Tafeln des Museums mit den statischen Erklärungen und den Vitrinen, die sorgsam die Reste einer Geschichte anordnen, für die sich in der Stadt ohnehin nicht viele zu interessieren scheinen.

Die Frauen jedoch – auf dem Filmmaterial in ihren neu eingerichteten Wohnungen und manche mit ihren kleinen Kindern auf dem Schoß antwortend – kramen Kose- und Schimpfwörter hervor, erinnern sich an ihre Großeltern, an die Bezeichnungen für Gerichte und Speisen ihrer Kindheit, für den Einsatz einzelner Wörter als Geheimsprache zwischen Geschwistern und erfüllen den Raum mit den übriggebliebenen Wörtern. Dass Wörter übrigbleiben können, ist nicht erstaunlich. Sie kommen und gehen, habe ihre Zeit und werden durch andere abgelöst. Und manche bleiben eben in Form eines Restes lebendig, führen ihr Leben als Bruchstücke einer Vergangenheit, die eine Rolle spielt, wenn man sich selbst befragt oder von anderen befragt wird. Dass solche Rest-Wörter manchmal in der Erinnerung über die Sprungfähigkeiten eines Heuschrecks verfügen und sich ins Zentrum des eigenen gegenwärtigen Seins katapultieren, merke ich daran, wie viel den Frauen einfällt, je länger sie darüber nachdenken, welche Wörter sie verloren haben. (Die Paradoxie des Verlustes: eine Fülle zu sein, die zu einem kommt, ohne einem mehr zu gehören.)

Vor dem Bildschirm stehend, spüre ich, dass sich die Erzählstimmung der Frauen auf mich überträgt. Das minutenlange Herumnesteln an Wörtern und ihren Bedeutungen, an der den Frauen gestellten Frage, wie wichtig ihnen die schattenhaften Erinnerungsvokabeln sind, ob sie überhaupt noch existieren oder nur noch Klänge sind, die in ihrer Eigenart bald ganz verschwunden sein werden, ist etwas, dem ich zuhöre, ohne zu ermüden.

Das Sprechen formt Zusammenhänge, welche in den Vitrinen gleich wieder zerfallen. Man ist, vor solchen Glaskästen stehend, mit dem staunenden Beschauen von Gegenständen beschäftigt, die ohne Geschichte zu sein scheinen. Vielmehr: beraubt der Geschichten, die sie in Häusern, Wohnungen und Schatullen einmal hatten.

Der Ort kommt mir auf meiner Reise nahe in den Stimmen, die ihn erfüllen. Keine Judaica-Reminiszenzen, sondern ein Erzählen, das unmittelbar mit der Wirklichkeit der Stadt draußen vor den Türen zu tun hat. Die Millionenstadt, in der täglich Menschen aus allen Teilen des Landes ankommen und abfahren, in der man so viele unterschiedliche Sprachen hört, die ihre wuchtige Geschichte im Nebeldunst der Kuppeln, Türme und Antennen in einem überwältigenden Prahlen vorzeigt.

Wie alle großen Entwürfe und Ideen, wie das ganze Gedonner Europas, das Aussprechen mächtiger Wörter wie Frieden, Aussöhnung, Gerechtigkeit. Vokabeln, die in sich zu zittern beginnen, sobald es konkret wird und man wissen will, was sie für den Einzelnen, für den Suchenden bedeuten.

In jeder Kindheit liegen solche Worte und Klänge verborgen, die nichts mit Identität, sondern mit Gefühlen zu tun haben. Manche gehören zu einer Kultur, einem Stadtviertel oder einer Religion, andere einfach nur zu Eltern und einer Umgebung. Wichtig sind sie alle, wenn sie ausgesprochen werden. Vielleicht ist dies eine der jüdischen Traditionen, denen man in dem Museum begegnet: Lust daran zu haben, genau zu sein, Sprache als Leben zu begreifen, als eines, das immer intensiver wird, je mehr winzige, scheinbar überflüssige Details es zutage fördert.

Im ersten Stockwerk des Museums führt ein Gang, ausgelegt mit einem schweren roten Teppich, zu den weiteren Ausstellungsräumen. Den Gang passierend, sehe ich, dass hinter der Glasscheibe auf der linken Seite der Blick in den Innenraum der Neve Shalom Synagoge fällt. Eine verglaste Emporenwand, die das Museum mit der Neve Shalom verbindet. Es ist erlaubt, den großen hallenartigen Raum zu besichtigen. Von hier oben wirkt er wie ein rundlicher, in Gold- und Brauntönen gehaltener Saal.

Das amerikanische Ehepaar ist die Treppen hinuntergegangen und wandelt nun in den schmalen Zwischengängen der Synagoge umher, langsam, sich von Zeit zu Zeit aneinander festhaltend, nichts Besonderes in Augenschein nehmend, anders als noch wenige Minuten zuvor bei den Hochzeitsfotografien, da sie dicht an jedes einzelne Bild herangetreten waren.

Sie gehen hintereinander, legen mal die Hand auf einen Stuhlrücken – um sich abzustützen oder das Holz zu berühren, ist nicht zu sagen –, blicken nach oben zu dem massigen Leuchter, umkreisen einmal das Halbrund zum Vorraum hin und kehren wieder in den Mittelgang zurück. Der Mann rückt sich die weiße Kippa sorgsam zurecht, die er zuvor aus einem Karton genommen hat, aufgestellt auf einem Tisch neben der mit ihren Pendelgewichten schaukelnden Standuhr, dann folgt er seiner Frau nach, die schon weitergegangen ist.

Das scheinbar ziellose, unbestimmte Umhergehen der beiden beobachte ich von der Empore aus, nicht als Voyeur, sondern mit dem Gefühl, dass das Paar dort unten allein sein will, dass sie, obgleich sie kein einziges Wort Türkisch sprechen, in einer ihnen fremden Welt einen kurzen Moment an einem vertrauten Ort durchatmen.

Später, zurückgekehrt ins Museum, dem Nebengebäude, werde ich sehen, wie der Mann am Bücherstand verweilt, indes die Frau an der Ausgangstür steht, einen Sitz suchend, der aber nicht vorhanden ist, und sich mit einer Hand am Türrahmen festhält, bis der Securitymann öffnet und sie hinauslässt. Ihr Gesicht wirkt erschöpft.

Die Frau an der Kasse zeigt mir den Nippes, der im Museumsladen verkauft wird. Kettchen für die Hände, Schalen, Becher und Mokkatassen mit dem Davidstern auf der Keramik.

Das einzig Fesselnde sind die auf einer von unten erleuchteten Glasplatte liegenden Scherenschnittfiguren aus dem Kosmos des Karagöz, dem *Schwarzauge*, dem Helden des türkischen Schattentheaters. Ein fast kahlköpfiger Mann aus dem Volke, der ständig an den Aufgaben scheitert, die man ihm stellt. (Als er den Befehl erhält, einen Brief zu schreiben, neigt er tief den Kopf, um sich wenig später an der Schattenwand die Haare zu raufen, da er es nicht vermag und nicht weiß, wo er anfangen soll.) Ein Istanbuler Künstler hat für das Museum Scherenschnittfiguren hergestellt, welche die jüdischen Mitspieler in der Welt des Karagöz vorstellen, bärtige Männer wie der Held selbst, in Kleider aus der osmanischen Zeit gewandet, bewegungslos auf der Lichtplatte im Verkaufsraum aufliegend.

Auf Java glaubten die Menschen im goldenen Zeitalter ihres Schattenspiels, dem *Wayang Kulit*, dass ihnen, solange die Figuren vor dem Licht tanzten und ihre Geschichten erlebten, nichts passieren konnte. Während die Figuren ihre spitzigen Arme, Beine und Körper agieren ließen – manche der Aufführungen dauerten bis zu neun Stunden –, hatten die Dämonen, die draußen in der Dunkelheit lauerten, keine Kraft, den Zuschauern etwas anzutun. Verlosch das Licht, kehrten die Bedrohungen zurück.

Der ältere amerikanische Mann hat ein Buch gefunden. Während die Frau an der Kasse umständlich nach einer Tüte für das Buch sucht, sieht er immer wieder zu der Tür, durch die seine Frau das Museum verlassen hat. Es ist ein suchender Blick. Mir fällt der Satz ein: *Er versucht, sie nicht aus den Augen zu verlieren.* Zum ersten Mal scheint mir etwas Zärtliches in dieser vernutzten und verbrauchten Formulierung zu liegen.

Draußen auf der Straße blendet das Sonnenlicht. Ich fotografiere die versteckte Tür des Museums und die lange Straßenflucht. Die gelbliche Außenfassade der Neve Shalom, die auch ein Badehaus vorstellen könnte, liegt im Schatten.

Ich bin wegen eines Treffens von Künstlern und Filmemachern nach Istanbul gekommen. Sie wollen darüber sprechen, wie man ihre Arbeit in der türkischen Provinz sichtbar machen und sich mit Künstlern und Wissenschaftlern aus anderen Ländern austauschen kann. Einigen steht das Wasser bis zum Hals, weil sie nicht wissen, von welchem Geld sie ihre Projekte finanzieren sollen. Bis zum vereinbarten Treffpunkt in einem Hotel am Abend habe ich noch Zeit.

Am Galataturm vorbeigehend, sehe ich, wie das Geräusch eines scharf bremsenden Taxis einen Schwarm Vögel von einem Baum auffliegen lässt. Der Schwarm fliegt ab in Richtung des asiatischen Teils der Stadt, eine der steil zum Ufer abfallenden Straßen entlang. Ich folge ihrer Bewegung und überlege, ob ich eines der Fährboote nehmen soll, die in wilden Kreiselbewegungen die beiden Ufer am Goldenen Horn miteinander verbinden.

Es führt ein schnellerer Weg zu Fuß unter der Galatabrücke an den Fischrestaurants vorbei, die wie halbkreisförmige Nester unter den Steinbögen kleben. Mich durch das in beide Richtungen flanierende Menschengetümmel hindurchzwängend, entlang der Wasserseite gehend, sehe ich, erst kaum zu erkennen in der Luft, die von oben herabgeworfenen Angelleinen, die wie ein Vorhang hin und her wehen. Im Wasser treiben zwischen Papieren, Müllresten und anderem Schmutz füllige Quallen. Dazu kommt die ständige Wellenbewegung des Wassers, ausgelöst durch die vorbeifahrenden Schiffe, Kähne und Fähren. Was ist der Zweck dieses Angelns? Ich stelle mir die Fische abends auf einem Teller vor und nehme mir vor, keinen Fisch in der Stadt zu bestellen.

Schon der stets enthusiastisch gestimmte italienische Schriftsteller Edmondo De Amicis war im 19. Jahrhundert von diesem Übergangsgelände auf der europäischen Kontinentseite fasziniert gewesen. Es war ihm freilich nicht gelungen, die Brücke nur als Brücke zu sehen, ohne sofort in mythisches Bedeutungsraunen zu fallen. In seinem viel gepriesenen Reisebuch „Istanbul – Hauptstadt der Welt" beschrieb er die Brücke ausführlich. Er hatte auf ihr, ohne irgendeine Begründung für das von ihm vermutete Mysterium zu liefern, unsichtbare Mauern ausgemacht, die ihn ernstlich glauben ließen, über eine filternde Schwelle zu gehen und inmitten der Überquerung einen magisch-abweisenden Vorhang für Gedanken vor sich zu haben: „Das eine wie das andere Ufer sind europäischer Boden, doch man kann sagen, dass die Brücke Europa mit Asien verbindet, denn in Stambul ist nichts europäisch außer dem Boden, und sogar die wenigen christlichen Vororte, die es umringen, sind von asiatischem Kolorit und Charakter. Das Goldene Horn, das wie ein Fluss aussieht, trennt zwei Welten wie ein Ozean. Nachrichten von Ereignissen aus Europa, die in Galata und Pera als lebendige, ausführliche und vielfach kommentierte Berichte in Umlauf sind, erreichen das andere Ufer nur verstümmelt und verworren wie ein fernes Echo; der Ruhm der größten Männer und Dinge des Westens hält vor diesem bisschen Wasser an wie vor einem unüberwindlichen Bollwerk; und über diese Brücke, die hunderttausend Menschen am Tag überqueren, gelangt alle zehn Jahre eine Idee."

So entsteht wohl eine Entfernung. Durch Worte, durch Behauptungen, die vorgeben, Beobachtungen zu sein. Und durch diesen Wust geht man hindurch, obgleich es natürlich die Gedanken elektrisiert, sich vorzustellen, eine Passage mit geheimen Unwägbarkeiten zu durchqueren, würde nicht der Blick auf die Schritte, die man setzt, wie schon in all den Tagen zuvor, einen sprichwörtlich wieder auf den Boden holen.

Angekommen auf der anderen Seite und die Treppe nach oben gehend, sehe ich die unabsehbar lange Reihe der Angler, die auf der Brücke stehen und in die Ferne blicken, als ob das Angeln nur ein vorgeschobener Grund sei, um, am Brückengeländer gelehnt, die Zeit verbringen zu können. Zwischen Bussen und Autos finde ich meinen Weg hinüber; ich habe kein Ziel. Erst recht kein Bedürfnis, noch mehr Museen oder andere Orte zu besuchen. Im Gehen sich verlieren, ohne Kartenrouten und festes Ziel, befreit mich zugleich vom Zwang, mir ständig etwas zu notieren, aufzuschreiben oder merken zu wollen. Erst als ich oben bei der Universität angekommen bin, beginne ich wieder zu fotografieren und mein Notizbuch herauszuholen.

Über dem Eingangstor der Universität weht die Landesflagge und wirkt mit einem Mal bedrohlich. Ich stelle mir solch eine Flagge in den deutschen Nationalfarben auf dem Dach einer Universität in meinem Land vor, in dieser Größe. Warum würde das seltsam, wenn nicht unfreiwillig komisch anmuten? Auf der Humboldtuniversität eine riesige schwarz-rot-goldene Stoffmasse, wehend und flatternd, gleich am Eingang, weithin sichtbar: Doch vielleicht ist diese Verwunderung nur vorläufig. Denn scheinbar kehrt das Zeitalter der Besitz und Rechte anzeigenden Flaggen zurück, die übergroßen Dimensionen wehender Fahnen, die doch, auf ein kleineres Maß gesetzt, wie etwa am Bug von Schiffen, etwas Aufmunterndes und Fröhliches zeigen. Der Unterschied zwischen Auskunft und Prahlen.

In einer Seitengasse öffnet sich ein Pfad zu einem Tor, auf dessen Bogen die Jahreszahl 1458 verzeichnet steht. Darunter der Name des Marktes *Sahaflar Çarşısı*. Der alte Papiermarkt von Istanbul. Hinter der von Bäumen umstandenen Pforte öffnet sich ein Innenhof, in dem sich, dicht nebeneinander in kleine Häuschen gedrängt, Buchläden aneinanderreihen.

Die Läden stehen offen wie Obstgeschäfte und verfügen auch über ähnliche Auslagen. Manche der Händler haben die Bücher in Körbe gelegt, andere in Kisten oder schalenförmige Boxen. Nach innen verengen sich die Räume und zeigen jenes leicht abgedimmte Licht, das ich in Buchläden liebe, wenn es sorgsam eingerichtet ist. Es darf aus dem Ort keine nach obskuren Einsamkeitsfreuden duftende Höhle machen, sondern muss die Beleuchtung so setzen, dass man in den nicht sichtbaren Ecken und Winkeln einen konspirativen Treffpunkt vermuten kann. Das unbedingte Versprechen: Hier kann etwas geschehen, mit dir, mit dem, was du liest und den Entdeckungen, von denen du noch nicht mal ahnst, dass sie dir bislang entgangen sind.

Selbst noch auf den für den Herbst zugerüsteten Tischen und unter den zusammengeklappten Stühlen liegen auf dem Markt Bücher, sorgsam beschützt und in symmetrische Stapel eingeteilt. In der Mitte des Hofes steht ein Baum, der seine ausladenden Zweige über den Platz wirft. Auf dem Auslagentisch eines Ladens tappt eine Katze über die Buchdeckel, vom Ladenbesitzer gekost und ermuntert, der aber sofort ungehalten zu rufen beginnt, als er meine Absicht bemerkt, eine seiner Auslagen zu fotografieren. Drinnen im Laden, hinter der Scheibe, hat er alte Stiche und Zeichnungen aus der osmanischen Zeit aufgehängt.

Auf einem der farbigen Miniaturbilder ist ein Pferd zu sehen, im Seitenprofil. Es trägt an seiner Flanke eine Weltkarte. Über seine kräftigen Muskeln ziehen sich die Kontinente. Die Miniatur zeigt das Pferd im Augenblick des Losgehens. Das Vorderbein leicht angewinkelt, den Kopf nach vorn gerichtet, Weg und Umgebung witternd. Gleich wird es loslaufen und die Topografien auf seiner Flanke werden ins Wanken geraten, gedrückt, gerüttelt und gehoben, doch sie werden nicht abrutschen, sondern sich im Wind der Bewegung als Form begreifen, als Bestandteil eines Aufbruchs des schlanken, kräftigen Tieres. Das Tier ist vielleicht eine Entgegnung auf die Einlassungen de Amicis aus dem 19. Jahrhundert. Es ist vollkommen desinteressiert an den Filtern und Sperren nationaler und politischer Übergänge, denn es trägt sie ja bereits auf seinem Körper. Versteht, dass sie eine Last sind, eine Einzeichnung, die jede seiner Bewegungen begleitet. Für mythisches Raunen ist da wenig Platz. So berückend die Idee eines solchen wandernden Tieres ist, so ruhig und bildhaft starr steht es da hinter dem Fenster des Buchladens; wie alle Utopien statisch im Kern und voller Luftsprünge und Kapriolen in den Phantasien und Gedanken dessen, der das Bild in Bewegung bringen will. Ein Pferd, das die Kontinente in sich hineingenommen hat. Die berückende Idee, der man sprichwörtlich auf die Hufe klopft; vielleicht ist das Verharren des Bildes auch die gute Medizin, die es zu spenden vermag. Betrachte mich, aber mach kein Symbol aus mir.

Der Buchhändler sieht mein Interesse an dem Miniaturbild und tritt dicht an mich heran. Er spricht kein Englisch und schreibt mir den Preis auf einen Zettel, eine Verhandlung mit mir erwartend. Es wäre sinnlos, ihm zu erklären, dass ich das Bild nicht besitzen will. Im Grunde erfüllt es auf diesem Markt die Funktion einer Skulptur oder eines Denkmals. In seinen sandfarbenen und lichtblauen Tönen bildet es eine andere Art von Flagge ab. Ein Banner der Lesenden und Reisenden, ein Wahrzeichen des Ungefähren. Zum Glück, denke ich, ist der Preis so hoch, dass das Bild wohl noch eine Weile an seinem Platz hinter der Scheibe hängen bleiben wird.

Ich folge dem Hauptpfad des Marktes bis zum Ende, wo statt eines Tores ein Eisengitter mit floralen Ornamenten wartet. Einer der Buchläden im hinteren Teil des Marktes hat sich auf Grammatiken und Sprachbücher spezialisiert. Hier blättern viele Besucher, Rücken an Rücken stehend.

Zuvorderst, auf einer den Blick greifenden Höhe, sind englische Grammatiken sichtbar. Weiter hinten, ebenso unübersehbar, deutsche Lehrwerke.

Ein Buchcover verkündet mit massigen Titelbuchstaben: *Systematische Deutsche Grammatik.* Darunter steht, in sehr viel kleineren Lettern: *Für Türken.*

Das ist überraschend: Eine Grammatik, die sich nach der Herkunft der Lernenden richtet, die vorgibt, genau zu wissen, was die Formen des Verstehens und Aufnehmens einer Volksgruppe sind. Unfreiwillig vielleicht aber auch eine Weisheit enthaltend: Selbst ein Regelwerk wie eine Grammatik wird offenbar nicht von jedem auf dieselbe Art und Weise gelesen, bedarf der Anpassungen an seine Leser.

Auf dem Rückweg zur Brücke bestelle ich mir einen Kaffee in einer der Mokkabars in der Nähe des Sirkeci Bahnhofes. Es wird kühl. An den Kais werden von den Touristen Pullover über die Schultern geschlungen, die Einheimischen verharren mit ihren T-Shirts und kurzärmligen Hemden an der kühler werdenden Uferseite. Ein Blick auf die Uhr sagt mir, ich muss mich beeilen, um rechtzeitig zum Treffen mit den Künstlern und Filmschaffenden zu kommen. Einen kurzen Moment lang spüre ich einen Unwillen, neue Menschen kennen zu lernen. Dann ermutige ich mich, dass dies eine Bequemlichkeitsempfindung ist, fragile Ausrede und Scheu. Je länger man sich mit sich selbst beschäftigt, desto dünnhäutiger wird man. Jedenfalls ist das so in meinem Fall.

Insgeheim komme ich ins Zweifeln, ob das Jüdische Museum der Türkei der richtige Ort für meine Kontinentskizze ist.

Gehört nicht die Strecke zwischen dem Jüdischen Museum und dem alten Buchmarkt zu meiner Erzählung?

Wolltest du dich nicht lösen von dem statischen Blick auf einzelne Stationen?

Zwischen der Einladung des Sultans, die aus Spanien vertriebenen Juden könnten nach Istanbul kommen, und der Gründung des Buchmarktes liegen nur wenige Jahrzehnte. Allein dieser Umstand verschafft ihnen eine gewisse Verwandtschaft, bindet die Orte zusammen. An beiden Orten sind Bücher zu finden, Erkenntniswege und Geschichten, Verstecke und offene Plätze.

Das willst du erzählen, mehr und mehr: dass Strecken ebenso Orte sind. Pfade, Querungen, zumal wenn Wasser im Spiel ist, das fluide Element, welches Trennungen zu lösen versteht, zumindest auf Distanz zu halten und in ein schwimmendes Licht zu setzen.

Im Hotel warten die Künstler bereits an dem großen Tisch im Restaurant, in der Nähe des Aufgangs zur Terrasse. Die Frau, die das Treffen organisiert hat, begrüßt mich und sagt, wir müssten mit der Situation umgehen, dass nicht alle Englisch sprechen könnten. Sie hätte daher auch eine Übersetzerin eingeladen. Aus der Küche werden Köfte und Schalen mit Reis gebracht, dazu wird Wasser und Wein gereicht.

Neben mir sitzt Mustafa, ein syrischer Dokumentarfilmer, der mit seiner Familie im türkischen Gazintep lebt. Er wirkt unruhig. Am Flughafen in Istanbul hatte ihn jemand beleidigt. Er solle dorthin zurückkehren, wo er herkomme. Es seien schon zu viele von Leuten wie ihm im Land.

„Das passiert immer wieder. Wenn ich Türkisch sprechen könnte, hätte ich ihm geantwortet, dass er keinen Respekt habe." Ich frage nach, wie er sich gewehrt habe. „I said *Fuck you*." Schnell fügt er hinzu: „Ich verwende solche Wörter normalerweise nicht. Aber ich wollte mich verteidigen." (Innerlich stelle ich mir die Frage, wann ich mich das letzte Mal für Wörter entschuldigt habe, die ich verwende.)

Mir gefällt die Art, wie Mustafa erzählt, eine leicht nasale Stimme, die plötzlich auflachen kann. Er hat lange, hellbraune Haare, zu einem Zopf gebunden, und trägt eine schwarze Brille. Nichts Fremdes ist zwischen uns; es reichen ein paar Bemerkungen und wir wissen, dass wir uns Dinge auf Zuruf und ohne vorherige Absicherung erzählen können. (Eine Nähe, die du so oft in deinem Land vermisst.)

Er bestellt eine Cola, dann erzählt er mir von seinen Filmen. Er sammle Material aus dem Kriegsgebiet seines verlorenen Landes. Videosequenzen, die ihm Freunde zuschickten, Fotos, kurze Aufnahmen, die er über das Internet zugeschickt bekomme. Er sammle Bilder des täglichen Lebens.

Kinder, die zur Schule gehen. Menschen, die in einer Bergquelle in der Nähe seiner Heimatstadt baden. Ein Chirurg bei einer Operation im Krankenhaus. Der Blick in eine Bäckerei. Wie die Familienmitglieder Fladen mit den Händen ausrollen und in den Ofen schieben, wobei der größere Bruder dem kleineren Mehl über den Kopf stäubt. Ein Junge, der Fahrrad fahren lernt – und mittendrin *bombings*. Das Herannahen der Flugzeuge, die ihre Todesladungen über den Städten abwerfen. Er schneide die Sequenzen zusammen und stelle sie ins Internet. Die meisten Betrachter seien zunächst von Abwehr und Abscheu erfüllt.

Er holt sein Telefon aus der Tasche und zeigt mir auf dem kleinen Bildschirm einen seiner Clips. Ich sehe die Bilder und mir geht es wie immer bei grausamen Filmen jedweder Art: Die Bilder rücken fern von mir. Sie sind schockierend und vergehen zugleich hinter einer luziden Barriere. Wie in den Anfangsjahren des Kinos der Brüder Lumière, als die

Zuschauer eine Dampflok von der Leinwand auf sich zurasen sahen, von ihren Sitzen aufsprangen und sich sogleich wieder, erstarrt-erleichtert, in die Sessel der Vorführ-Cafés fallen ließen, denn es war ja nichts passiert.

Mustafa ist indessen überzeugt, dass seine kleinen Filme im Meer der unendlichen Leidensbilder etwas zeigen können, was ihm die Wahrheit seines zurückgebliebenen Lebens zu sein scheint: das Gleichzeitige von Lebenshunger und Tod. Selbst jetzt in unserem Gespräch ist beides da, lediglich durch Entfernungen gemäßigt und daher nur undeutlich sichtbar. Zwei Männer aus verschiedenen Welten essen, trinken, sehen auf die Taxis, die vor den Scheiben des Hotels vorbeibrausen, der eine ein Schreiber, der andere ein Filmemacher, zufällig zusammengewürfelt in einem Hotel am Bosporus, kontinentaler Alltag der beruflich Reisenden.

Sie zeigen sich ihre Herkunftswelten, umkreisen die Quellen des Geschehens, doch zugleich können sie sich nicht einmal ihre eigenen Wirklichkeiten ausreichend erklären. Ich erzähle Mustafa von meiner Kontinentskizze, von dem Versuch, ein anderes Europa zu finden als jenes der bekannten Umrisse und großen Versprechungen.

Für ihn sei Europa ein Fluchtort, sagt er, *a place of escape*.

Wie schafft man es, sich nicht die Liebe für ein Gelände ausreden zu lassen? Sich Sehnsucht zu erlauben? Dem Wunsch nachzugeben, eine Gegenerzählung zu verfassen, ohne das Bedrängende kleinzureden? Vielleicht, indem man sich erzählt, was ist. Die Pausen aushält, die zwischen solchen Auskünften entstehen. Wir zeigen uns Fotografien unserer Kinder.

Kurz darauf beschließen wir, über die enge Treppe hinauf auf die Dachterrasse zu gehen, wohin sich auch die anderen Mitglieder des Treffens begeben haben. Ein weiter herrlicher Blick über das Goldene Horn und die Stadt empfängt uns. Die Stadt liegt in der Abenddämmerung. Auf der Terrasse wird gepflegt-leise Musik gespielt, einige stehen im Rauchersalon und schauen versonnen über die endlose Stadt. Mir fällt der Name „Hohe Pforte" aus der Zeit der Osmanen ein, der hier auf der Terrasse einen karnevalistischen Sinn bekommt. Mit den Augen durchmesse ich noch einmal die Strecke, die ich am Tage gegangen bin.

Ich sehe auf den von mir für meine Skizze erwählten Ort – das Jüdische Museum in der Nähe des Galataturms (noch immer sind für mich von dort die Stimmen der nach den alten Einwandererworten suchenden Frauen hörbar) – bis zu den Auslagen des Buchmarkts in der Nähe der Universität, weit oben in der im Dunst liegenden Kuppelstadt zu meiner Rechten. Die Strecke scheint mir mit einem Mal groß zu sein, zu groß für einen Tag.

Einige der anderen fragen uns, ob wir Lust hätten, zu einem Konzert von Steve Gunn zu gehen. Er gastiere in der Stadt. Man sei durch eine Stiftung an ein Kartenkontingent gekommen. Mustafa fragt mich, wer Steve Gunn sei. Ein Indie-Songwriter aus Brooklyn. Ich hatte nur zufällig einmal Songs von ihm im Radio gehört. Mustafa ist begeistert, er will sich ablenken, Musik hören, womöglich tanzen. Mich befällt eine Ahnung, dass das zu einer Enttäuschung führen wird.

Als Gunn die Bühne betritt, ist es schon spät. Ein großer, jungenhafter Mann mit blonden Haaren, der, in einem minimalistischen Lichtkegel stehend, nach einigen Stücken sagt: „Fragen Sie mich nicht, warum ich nie lache. Es ist nicht so, wie es scheint. Ich bin ein fröhlicher Mensch. Ich lache inwendig."

Sodann senkt er den Kopf, stimmt seine Gitarre, und beginnt zu spielen. Es ist ein konzentriertes, virtuoses

Spielen; man meint, dass viele Hände gleichzeitig über die Gitarrensaiten gehen. Sein ausdruckloses Gesicht wippt zuweilen nach vorn an das Mikrofon, ohne jedoch sofort zu intonieren. Er wippt zurück, erst dann singt er, mit seltsam gläserner Stimme. Die Gäste sind aufmerksam und ihm zugewandt. Höflich lauschen sie der Musik von Gunn, als ob es sich um ein Vor-Spiel handeln würde, eine Vorbereitung auf etwas, das als Erwartung über den Köpfen schwebt. Eine Erlösung aus der schwermütigen Tiefe.

Er singt Lied um Lied, ernsthaft, getragen, mit magisch-schönen Gitarrenriffen, sich kaum auf der Bühne bewegend, manchmal fast stillstehend an seinem Platz.

Die Zeilen, die er singt, den Mund seitlich an das Mikrofon hebend, sind kurze Bilder, Blitze, melancholische Sentenzen, die mir plötzlich, an diesem Tag und Ort, mal ergreifend und dann wieder schal und leer vorkommen.

Camped up in a graveyard
Took a job to clean some tombstones
Like lovers in a shadow of a crooked dream

Mustafa hockt neben mir auf seinem Stuhl und sieht mich nach jedem Lied an, als ob er sich versichern wolle, dass er falsch liege und es ihm an Verständnis für die Musik Gunns ermangele. Mich zu ihm wendend, sage ich, dass wir gehen könnten, wenn er wolle.

Draußen fließt der Verkehr, ziehen die Lichter der Taxis, Busse und Autos vorüber und ich sehe, wie müde Mustafa geworden ist. Es macht den Eindruck einer doppelten Enttäuschung: nicht zum Tanzen gekommen zu sein, was er sich so vorfreudig gewünscht hatte, und sodann: einer Traurigkeit zu lauschen, die er nicht glauben und nicht fassen kann, wenn er sie an die Dimensionen seiner Welt hält. Auch durch den Konzertsaal war der Grenzfluss hindurchgegangen. Die unsichtbare Trennung zwischen dem, was ist, und dem, was übrigbleibt.

Elfter Ort: Kalamata und der Schmuck in der Straße

Nach dem Gewitter reißen die Wolken auf und treiben als quellende Nebel auseinander. Wenig später formen sie ein Gebilde, das ich, ohne die Augen davon abwenden zu können, den schlafenden Tornado nenne. Wie ein dampfender Kegel hängt die riesige Wolkenmasse über der Bucht und verharrt dort oben regungslos. Standbild magischer Ruhe. Wie eine Fotografie, die den Moment eines sich zu Boden drehenden Sturms festhält.

Es scheint nur wenig Abstand zwischen dem Ungetüm am Himmel und der Küste zu geben. Das Meerwasser ist fahlblau.

Ich bin für wenige Tage in der griechischen Stadt. Familienbesuche, die Kinder wollen die Großeltern sehen, Erledigungen. Eine mitgebrachte Arbeit ist zu Ende zu bringen. Fast täglich regnet es und in den zur Küste abfallenden Straßen bilden sich kleine Flüsse. Am Nachmittag klart der Himmel auf. Plötzlich bricht ein grelles warmes Licht durch, das in den Wasserlachen der Straßen blitzt. Ich gehe durch das Haus, die kühlen Kacheln sind eine Wohltat für die nackten Füße, beobachte den prächtigen stillstehenden Tornado von der Terrasse des Hauses, in dem ich wohne. Fotografiere ihn. Später sehe ich, dass er sich doch bewegt hat. Die Kegelöffnung dehnt sich um ein Weniges von Bild zu Bild. Das Wunderbar-Ungeheuerliche zerstäubt, fällt auseinander, bis sich alles in einem großen blassen Dunst auflöst. Endlich Zeit zu haben, solche Dinge zu beobachten und dich in ihnen zu verlieren, lässt dich durchatmen.

Das Jahr neigt sich dem Ende zu. Auf dem Schreibtisch stapeln sich Bücher und Papiere. Die griechischen Großeltern der Kinder bestehen auf festen Essenszeiten. Wie ungewohnt es für mich ist, den Ritualen ausführlicher Mahlzeiten zu folgen. Mein Magen ist diese Mengen nicht gewohnt. Zugleich genieße ich es, wenn die Menschen in meiner Umgebung nestelnde, unbestimmbare Geräusche in der Küche verursachen und schon am Morgen darüber zu sprechen beginnen, was sie am Mittag und am Abend essen werden.

Wer geht auf den Markt und kauft den Fisch? Auberginen und Zucchini sind zu besorgen, nur kein Fleisch aus dem Supermarkt erwerben, um Himmels willen auch keine Säfte aus Verpackungen. Schickt den Deutschen nicht zum Einkaufen.

Jedes Detail wird diskutiert. Iss mein Essen, setz dich an meinen Tisch, beschäftige dich mit mir.

Noch das Nachschenken eines Glases Wasser am Tisch bedarf einer begründeten Meinung. Du trinkst zu wenig. Gib mir dein Glas. Es soll dir gutgehen.

Das Wunderbare solcher Konversationen ist, dass man die andere Sprache in ihnen ausprobieren kann wie man Würfe mit einem Ball ausprobieren würde. Nichts Unvorhergesehenes geschieht, keine verfänglichen Fehler drängen sich in das Aussprechen der fremden Worte und Sätze ein. Im Grunde ist alles einfache Beschreibung und Erkundung dessen, was du gerade tust.

Warte, ich gebe dir den Teller.

Ja, ich nehme den Teller.

Schmeckt es dir? Willst du noch mehr?

Es ist köstlich. Es schmeckt sehr gut.

Ich bin satt.

Nimm noch. Halte dich nicht zurück. Ich sehe doch, dass du Hunger hast.

Ich könnte auf der europäischen Karte einen Meridian ziehen, unterhalb dessen man jene Formen des Sprechens wie eine Feier zelebriert und die so zu einer Schule der Leichtigkeit werden. Oberhalb des Meridians verkürzen sich die Auskünfte, nehmen den Charakter von Nebensätzen an, dienen der Sache an sich.

Zugleich verstehe ich, den ganzen Tag nach Worten suchend, welches Geschenk darin liegt, in der Muttersprache zu reden, frei zu sein in allem, was du mitteilen willst, ohne auf die Labyrinthfallen einer anderen Grammatik achten zu müssen. (Lernen zu wollen und lernen zu müssen – wenn man etwa ein Ankommender in einem neuen Land ist und alle Augen auf deine vorhandenen oder taumelnden Sprachkenntnisse gerichtet sind – auch dazwischen verlaufen Meridiane, Flusslinien, Abhänge.)

Wie oft habe ich in Berlin die erschöpften Gesichter von Menschen gesehen, die sich in einem Gespräch mit Einheimischen mitzuteilen versuchen, mit den oft wenigen ihnen zur Verfügung stehenden Vokabeln, und nach einer Weile innehalten, weil die Geschwindigkeit der Antworten ansteigt, komplizierte Wendungen, Anspielungen, Drehungen und Kapriolen durch den Raum schwirren und das Verstehen abnimmt wie eine Lichtquelle, die hinunter gedreht wird. Mir fällt der vergessene Schriftsteller Paul Mühsam ein, der nach seiner Flucht aus Görlitz nach Palästina viele Seiten seiner Autobiografie mit der Klage gefüllt hatte, wie viele Male er beim Erlernen des Neuhebräischen gescheitert war, „stammelnd" im Bus stehend oder bei zufälligen Begegnungen in der Stadt verstummend, und die Bemühungen schließlich – wissend, was das für sein Leben im Land bedeutete – ganz aufgegeben hatte.

Nachmittags gehe ich – die Sonne bricht wieder durch – in ein Café in der Nähe des Eisenbahnparks, das *Stolidhi Ena (Ein Schmuck)*. Die Geschäfte sind noch geschlossen; in den Nachmittagsstunden wirkt die Stadt auch unter der Woche wie leergeräumt. Die Läden schließen erst wieder gegen fünf oder sechs Uhr auf. Nur die kleinen Kioske haben geöffnet, die großen Supermärkte und einige der neuen Coffee Shops. Manche der neu eingerichteten Kaffeeläden verfügen über Ventilatoren, die einen feinen Wassernebel versprühen, der einen beim Vorbeigehen treffen kann. Auf dem Boden sieht man Risse in den Steinplatten, Spuren von Hitze, Verbrauch und Alter. Das Leben verlangsamt sich in den Nachmittagsstunden. Eine Unterbrechung der hektischen Tagesstruktur, jedoch ohne jene dem Süden nachgesagte Muße und untätige Lässigkeit. Es ist ein Zwischenraum, der den Mittag und den Abend trennt, von anderen Zwängen und Erledigungen bestimmt als in Deutschland, und doch ein Aufbrechen des linearen Zeitverbringens, bei dem man immer nur auf das Ende des Tages schielt, auf dieses Nach-der-Arbeit, das einem so oft das Gefühl verschafft, die Zeit vergehe rasend schnell und gehöre einem nicht mehr.

Das Cafe *Stolidhi Ena* ist in diesen Stunden jedenfalls ein geeigneter Trainingsplatz für das herausfordernde Spiel mit der anderen Sprache. Die Bedienungen, meist Studenten der örtlichen Universität, zeigen Geduld und Nachsicht, sobald man sich in Unsicherheiten verfängt.

Das Café liegt in einer Seitenstraße Kalamatas. (*Kala Matia*, gute Augen, so eine Erklärung, sei eine mögliche etymologische Wurzel des Stadtnamens.) Das Haus ist ein Fremdling im Viertel. Mit seinen gedrungenen Bögen und Mauern passt es in keiner Weise zu den anderen Häusern in der Straße.

Eine helle Villa mit einem Seitenerker. Der Eingang schmal und mit Steinplatten besetzt. Man kann über mehrere Aufgänge das Café betreten. Seitlich durch den Erker oder hinten durch den Garten, wo sich die Bäume zu einem Schattendach versammeln. Die Fenster der Villa wirken wie die Fenster eines bewohnten Hauses. Keine auffälligen Tafeln oder Schriftzüge sind angebracht. Die Villa duckt sich an die Straßenecke und wirft durch ihre rundlaufenden Mauern einen eleganten Bogen in das Viertel. Drinnen hängen Fotografien und Zeichnungen. Die Räume sind Durchgangszimmer. Ein Eckzimmer, in dem eine Couch und ein niedriger ovaler Tisch stehen, ist so klein, dass dort früher einmal ein Abstellraum gewesen sein muss. Nun ist es eines der Herzstücke des Cafés. Es ist das Ziel jedes Besuches, dort einmal Platz zu nehmen und sich umschließen zu lassen von der luftigen Enge.

Ich fotografiere die Bäume des Gartens und weiß plötzlich, dass dies der letzte Ort meines Reisebuches ist. Vielleicht ist er der unscheinbarste von allen. Ohne einen Protagonisten, ohne biografische Spuren, aber doch ein Ort der Worte und des Einzigartigen, was sie zu hinterlassen verstehen.

Die Pflanzen im Garten, der Kies unter den Tischen und das gedämpfte Verkehrsbrausen erzeugen ein Gefühl von Ankunft. Auf dem Kies liegt ein Hund, der beim Streicheln sein Kinn wie eine Katze nach hinten streckt und mit aller Kraft eines gutes Ortsgeistes meine Aufmerksamkeit will.

Lange hatte ich nicht verstanden, warum das Cafe „Ein Schmuck" heißt, weil es in der allzu naheliegenden Bedeu-

tung – hervorstechend schöner Ort – eine Trivialität auf-
rief, die nicht zu seiner verborgenen, verwinkelten Struktur passte.

Das Café legt eine Spur, um herauszufinden, welche
Verehrung es erfährt. Am Eingang, draußen an der Mauer
neben dem Erker, hängt eine Marmortafel mit einem griechischen Gedicht, wohl für dieses Haus als Inschrift ver-
fasst, dessen Wörter mir lange ein Rätsel blieben. Die
Farbe der Inschrift ist fast verblasst; bröckelndes Schwarz
in den Rundungen der Buchstaben. Nach und nach wanderten die Worte in meine Sprache hinein.

Mein geliebtes Haus.
Wie betrunken und dir fremd,
Haben dich Zementmonster eingekreist.
Aber du – Bleib
Der einzige Schmuck hier,
Um ein wenig an Schönheit zu erinnern.
Und an etwas,
Das zu mir gehört.

Seitdem sah ich die Vereinzelung des Hauses in der Straße
deutlicher.

Dass es sich eingefügt hatte in die lange Reihe neuer
zweckmäßiger Bauten, die links und rechts von ihm
hoch über das Dach und den Garten hinausgewachsen
waren – jedoch ohne sich aufzugeben. Es war geblieben
und hatte sich, seitdem es ein Café war, geöffnet für die
Studenten und jungen Menschen an den Tischen im
Freien. Es hatte sich bereit gemacht für die Musik, die
abends gespielt wurde, und den Anbau zugelassen, eine
überdachte Veranda, aus der im Winter der Zigaretten-
rauch quoll.

Sogar das große Erdbeben des vorigen Jahrhunderts, in welchem die halbe Stadt in Schutt und Asche gelegt wurde, hatte das Haus überlebt.

Es war ein Verwandter jenes Gartens der Finzi-Contini aus Giorgio Bassanis Roman, in den die Geschichte erst spät eindringt, ohne sein Zuvor gänzlich zerstören zu können. Was es mir so nah sein lässt: Es ist ein Haus, das durch die Erzählung über sich – das Gedicht auf der Tafel – keinen Zweifel daran lässt, dass es geliebt wird. Und wann können Orte sich das schon selbst zusprechen?

Jetzt ist das Café fast leer. Zwei junge Männer spielen Backgammon am Nebentisch. Das Würfelklackern ist das einzige Geräusch, das sich deutlich bemerkbar macht. Gewöhnlich spielen sie hier tagsüber nur leise Musik im Hintergrund; heute hat jemand ein Radio aufgedreht. Ich höre die Stimme von Haris Alexiou, eine der großen Sängerinnen des Landes. Ihre Stimme ist rauchig und zugleich sanft, von einer sonderbaren Langsamkeit und Tiefe erfüllt. Sie hat auf der Bühne etwas von der magischen Eleganz der Sängerin Fairuz, jener Legende aus dem Libanon. Haris Alexiou singt ihr berühmtes Lied über die Erinnerung, welche Dinge auslösen können, die dich jeden Tag begleiten („πρόσωπα και λόγια /Gesichter und Worte"). Über die irisierende Dämmerung, die sie umgibt. Doch etwas ist anders in der Version, die jetzt im Radio läuft. Sie singt das Lied gemeinsam mit dem israelischen Musiker Yehuda Poliker, der 1950 als Leonidas Polikaris in Haifa geboren wurde. Seine Eltern stammen aus Thessaloniki und gehörten zu den Überlebenden von Auschwitz. Der wie ein professioneller Ringer aussehende Poliker, bekannt geworden durch seine Rockalben, hatte sich in Israel für griechische Musik eingesetzt. Eine Geschichte der Wandlungen und Verwandlungen. Ein kräftiger, fülliger Mann, der bei seinen Konzerten in Tel Aviv etwas zutiefst Zufriedenes in seinem Gesichtsausdruck zeigt, wenn neben ihm auf der Bühne Haris Alexiou erscheint, in ihrer Muttersprache singend, eine Sprache, die dem jungen israelischen Publikum zumeist nicht vertraut ist, wohl aber der Gestus der Musik, die Rhythmen, das was sie an Erinnerung und Spuren aufzurufen versteht. Nun höre ich dieses so viele Male in Raststätten, Tavernen und Restaurants abgespielte und abgenutzte Lied und es wird neu durch die in die Verse einfallende knarrende, dunkle Stimme Polikers. Etwas von der Zufriedenheit seiner Gesichtszüge, die ich vor mir zu sehen glaube, überträgt sich auf mich. Wenn er das Mikrofon langsam auf die gewünschte Höhe stellt, nach der Wasserflasche am Boden greift, Bouzouki und Gitarre tauscht, manche Verse auf Hebräisch singt, die Augen konzentriert schließt, sobald die Stimme in höhere Tonlagen muss, dann ist da diese halb gewünschte, halb unübersehbare Auskunft: Den bringt nichts aus der Ruhe. Der hat etwas hinter sich, ohne dass es beendet wäre. Ich blättere, die Musik hörend, in den Zeitungen auf der Theke, bestelle mir einen weiteren Kaffee und locke den neugierig von draußen hereinsehenden Hund mit einem Fingerschnipsen an.

Das *Stolidhi Ena* verfügt über eine besondere Gabe: Ich denke an das Café, auch wenn ich weit entfernt bin, wie an einen Nebenraum, wie an ein Zimmer, das man gleich wieder betreten wird. Und selbst, wenn man auf unvermutete Änderungen trifft – wie den Anbau für die Raucher im letzten Winter –, ist man nicht enttäuscht oder erstaunt.

Man rechnet sogar mit dem Verschwinden, der Schließung, einem neuen Besitzer, der möglicherweise alles auf den Kopf stellen wird. Ich bin darauf vorbereitet. Nicht wie in jener Rilke-Zeile „Sei allem Abschied voran", sondern eher wie man einen öffentlichen Platz betritt und bemerkt, dass sich die ganze Stadt rings um ihn verändert hat. Ein Ort, um den die Umgebung kreist.

Vielleicht ist das die Gabe aller Kontinentorte, die auf meiner Skizze stehen: Sie liefern sich nicht der Zeit aus. Das Verschwinden bedroht sie nicht, sondern lässt sie nur noch stärker hervorscheinen. Sie erinnern mich an etwas, das zu mir gehört und zugleich noch vielen anderen zugehörig ist. Diese Orte haben Eingänge, Türen, Töne, Klänge, Durchgänge, Terrassen, Veranden, verschlossene Kammern, die in Bewegung sind, je nachdem, von welcher Richtung aus man sich ihnen nähert. Und sie bilden Netze mit den Orts- und Lebenserzählungen anderer, kommen ohne biografischen Zwang aus.

Bevor ich Kalamata verlasse, trifft sich die Familie noch einmal in Bareira. Ein nahe gelegenes Strandgelände am Rande der Stadt.

Man muss von der Küstenstraße auf eine Schotterpiste abbiegen, die steil nach unten führt, sich mehrere Male in Kurven windet und dann auf eine Art Siedlung trifft, von einer brüchigen Einzäunung umgeben. Das Tor passierend, sieht man einen Spielplatz und einen verkommenen Olivenhain, unter dessen Zweigen Autos parken.

Zwei, drei kleinere Häuser stehen auf dem Gelände, Bäume, die großen Schatten spenden (selbst in der Hitze des Sommers ist unter ihnen Kühle zu finden), ein langer Strandabschnitt mit Holzstühlen und Tischen, und, zur Linken, einer der sich in Form von Sandbrüchen wölbenden Ränder der ruhigen, in so vielen wunderbaren Farben leuchtenden Messenischen Bucht.

Ich bin, aus der Stadt kommend, als erster da und stelle den Wagen ab. Es regnet leicht, dann dringen erneut warme Sonnenstrahlen durch.

Auf dem Telefon sammeln sich Nachrichten. Die Rückkehr vor der Rückkehr. Die Gedanken beginnen die Stadt zu verlassen, spielen Varianten der Zukunft durch, zwanghaft und erstaunlich undankbar für das Zurückliegende.

Ich lasse das Telefon im Auto und gehe über das Gelände. Dort oben, hinter dem Bergkamm des Tayetos, läuft die enge Felsenstraße, die schließlich auf die andere Seite der Küste hinabführt. Die Straße windet sich in Serpentinen erst hinauf, dann erreicht man ein Plateau und sieht im Winter schneebedeckte Berggipfel. Sodann den Königlichen Wald, durch den, wie die lokalen Historien sagen, einst die Spartanerkönige mit ihren Armeen zu ihren Kriegshäfen gelaufen sein sollen.

Irgendwann öffnet sich die Straße zum Mittelmeer hin, zu jenem Dorf, in dem ich, trotz der Vorfreude auf gesunden Schlaf, unruhige Nächte verbracht hatte. Mir fällt ein: In einem Nachbardorf, nur wenige Kilometer von der Schlafstätte entfernt, hatte ich zu dieser Zeit einmal eine Fotografie in einer engen, steinernen Gasse aufgenommen.

Das Bild später auf der Kamera betrachtend, wollte ich wieder löschen, da ich einen Schwarz-Weiß-Filter gewählt hatte und etwas Unklar-Schattenhaftes auf dem Bild lag, was mir nicht gefiel. Ich hatte schon den Daumen auf der Löschfunktion, als ich entdeckte, dass in der Tiefe der Fotografie, dort, wo die Gasse nach unten abfiel, mir vertraute Menschen als ferne, kaum zu erkennende Umrisse erschienen. Der Steigepunkt der Gasse hielt sie im Hintergrund, doch man sieht, dass sie auf den Betrachter mit heiterem Schritt zukommen, folgerichtig in den Schatten hineingehen, und dass sie mühelos die Lichtschwäche durchqueren werden, wenn man das Bild nur aufmerksam genug weiterdenkt. Selten hat mich die Rettung eines Bildes zuversichtlicher gemacht.

Von der Toreinfahrt sind Autogeräusche zu hören. Sie haben schon die Scheinwerfer eingeschaltet, obgleich es noch hell ist. Durch die geöffneten Scheiben dringen die Stimmen. Mir fällt ein, was die Kinder als erstes tun werden. Ich gehe zum Spielplatz hinüber und wische mit dem Hemdärmel das Wasser von den Schaukelsitzen. Würde ich sie fragen, was ihr Ort in der Stadt sei, würden ihnen möglicherweise diese alten rostigen Schaukeln in Bareira einfallen, die ihnen höchstes Vergnügen bereiten. Oder sie würden die Frage nicht verstehen. Und loslaufen.

Zwölfter Ort: Am Boden, in der Luft: Nachbilder, Fallbilder

Der Abflug verspätet sich. Im Kabinengang wird Wasser verteilt. Neben mir sitzt ein mit der Hand über das Display seines Telefons streichender Mann, vertieft in wechselnde Bildschirme, die er nebeneinander reiht, übereinander schiebt, neu sichtet. Als ob sie winzige weiche Membranen passieren, fließen die Aufrufe zusammen. Der Mann erinnert mich an einen Studenten, der mir einiges zu denken gegeben hat. An den sein Gegenüber genau beobachtenden, hoch aufgeschossenen Mark, fast immer schwarze oder dunkle T-Shirts tragend und sich zuweilen, als minimalistisches Merkmal seiner sorgfältigen Aufmerksamkeit, mit den Zähnen auf die Unterlippe beißend.

In einem mit elektronischen Brillen und Helmen überfüllten Studioraum stehend, sehe ich ihn um meinen Kopf herum gehen, mit seinen Händen die Brillenkästen über meinen Kopf schiebend, vorsichtig Bänder justierend und mich auf geeignete Positionen im Raum bugsierend. Mit der Geduld eines guten Lehrers hatte er mir die in den Brillen verborgenen Welten erklärt und wie sie zu betreten seien. Mark war damals die Aufgabe zukommen, das Studio mit den elektronischen Brillen zu betreuen. Unzählige Kabel lagen wie Schlangen zu seinen Füßen. Hinter ihm aufgereiht eine Reihe von Glasköpfen, auf denen die wuchtigen Brillen mit ihren Fliegengitterflächen hockten. „Man kann Europa auch anders erkunden."

Mark fügte die lapidare Bemerkung hinzu, dass man, um zu reisen, nicht mehr unbedingt in ein Flugzeug steigen müsse. Zunächst hatte ich mich wie bei einer medizinischen Untersuchung gefühlt. Ausgesetzt einem Ritual aus Prüfungen und Messungen, das vollkommen in fremden Händen lag.

Als sich der Kontinentraum vor mir öffnete, rückte Marks Stimme in weite Ferne. Ich hörte sie lediglich als Lotsenruf und akustisches Geländer. Er hatte vorgeschlagen, mir das Earth-Programm zu zeigen. Auf Zuruf führte es mich an die Orte meines Europas, die ich real (was immer dieses Wort in dem Moment noch bedeuten konnte) gesehen hatte und die mich in all ihren Formationen interessierten.

Mit einem Mal fühlte mich allein gelassen in einer Weite, in der man aus einer kosmischen Fallhöhe heraus in die ausgewählten Orte hineinfiel, in Sekundenschnelle stürzend, umschlossen von allen Seiten von einer Bilderwelt, die schwer einzuordnen war.

Unter mir lag als leuchtende Masse der europäische Kontinent, geräuschlos, nicht abgrenzbar vom Rest der Welt. Meine Beine stießen an einen Tisch im Raum, zugleich flogen sie über den Peloponnes, die Alpen, später auf die Rheinbrücke in Basel, in die Straßen Tiranas, in meinen Berliner Wohnbezirk, Dachgärten und Antennen streifend. Zugleich wollte ich mir einreden, dass der Betrug der filmischen Bilder nicht aufgehört hatte. Das Gesehene elektrisierte mich, aber es kam mir nicht nahe. Denn so plastisch und greifbar alles vor mir lag: So suchte ich doch nach dem Geschehen an den Orten, zu denen ich niederstieg. Fühlte den Wunsch, menschliche Stimmen zu hören.

Nach wenigen Minuten setzte ich die Brille ab, um dem Schwindel Herr zu werden. Doch schon im Moment des Zurückfallens in den Studioraum, des Wachwerdens, wirkte das Gift der gesehenen Farben. Keinen Augenblick dachte ich daran, das Programm nicht weiter zu erforschen, um in meinem Kopf wieder Klarheit herzustellen.

Stattdessen begann ich erneut, mich in der vertraut-unvertrauten Welt zu bewegen wie auf einem seltsam virtuellen Mond. Etwas in mir sagte: Du benimmst dich wie ein Kind.

Mark fragte, ob er ein Foto von mir machen solle. Später sah ich mich darauf, wie ein Slapstick-Schauspieler, der in einem billigen Film einen Blinden spielt. Die Hände leicht erhoben, irgendwo in einer Sphäre seligen Selbstvergessens weilend. Doch das Fallen aus dem Kosmos in die Welt war ein Faszinosum geblieben, dem ich mich nicht entziehen konnte.

Immer wieder war ich in den Wochen danach in das Studio gegangen, spürend, dass meine Einwände gegen das Nicht-Geschehen im Virtuellen dahinschmolzen angesichts der Verführungskraft der sich öffnenden lichten Räume, der anderen Art von Zeitvergehen und Erinnerung, die ich dort antraf. Die geöffneten Augen sind verführbar und wissen es, können ausblenden und ausschneiden, was sie wollen, und lassen sich nur zeitweise von den Begriffen der Vernunft umschließen. In diesem gefährlichen Sich-Voneinanderlösen – des Sehens vom Verstehen – kann der Reisende nicht mehr viel beitragen. Vielleicht kann er nur noch einmal in die wachsende Kluft hineinspringen, seine Stimme erheben, eben weil er weiß, was eine Stimme ist und wie sie sich anhört und unter welchen Umständen man einen Ort erst entdecken kann. Sehen und dem Sehen Bedeutung geben, keine Über-, Vor- und Nachbedeutung, sondern Bedeutung im Sinne von fragender, nüchterner Aufmerksamkeit – das willst du noch nicht preisgeben.

Offensichtlich geht es dem Mann im Flugzeug neben mir genauso, denn ich sehe, wie er auf seinem Telefon einen Ort abgeht, rasch das Gelände vergrößernd und verkleinernd, dabei mit einer Gelassenheit oder besser: Lässigkeit über das Display fährt, wie früher alte Männer Klackerketten durch die Hand laufen ließen. Zufrieden und in der Gelassenheit doch nervös. Es ist ein Zukunftsspielzeug, denke ich. Umstellt mit Kritik, Erklärungen und Entschuldigungen, doch am Ende über die Magie des Flackerns verfügend, dem selbst die von der Wirklichkeit Bekehrten von Zeit zu Zeit erliegen.

Später, in der Luft, schließe ich die Augen und will mir nicht vorstellen, wo ich mich befinde. Es ist eine Ortlosigkeit, die keine andere Form des Reisens bereithält. Zugleich ist es ein Wagnis. Nicht das des Absturzes. Sondern der Sucht, diesen Zustand immer aufs Neue zu wiederholen, herunterzufallen auf die Orte und in ihnen die eigene Erzählung zu suchen. Möglicher Gegenentwurf: innehalten, solange man noch die Gabe dafür besitzt. Aber auch das ist mit einem Fragezeichen zu versehen.

Anmerkungen

Das Kunstwerk „*Przejście*" in Breslau/Wrocław, häufig auch als „Anonyme Passanten" bezeichnet, wurde von Jerzy Kalina geschaffen.

Die Erzählung *Der Kirchenscheue* ist 2012 zweisprachig neu aufgelegt worden. *Alexandros Papadiamantis. Der Kirchenscheue. Eine Erzählung aus Skiathos.* Übersetzt von Ludwig Bürchner. Aiora Verlag, 2012.

Das albanische Gedicht „Intimitet/Vertrautheit" von Lindita Arapi wurde übersetzt von Hans-Joachim Lanksch (1943–2019).

Das Gedicht „Stolidhi Ena/Ein Schmuck" wurde vom Autor übersetzt.

Die Gedichte Gertrud Kolmars wurden dem Band entnommen: *Gertrud Kolmar. Leben und Werk in Texten und Bildern.* Von Beatrice Eichmann-Leutenegger. Jüdischer Verlag, 1993.

Das Gedicht *Bitte an einen Delphin* von Hilde Domin wurde aus dem folgenden Gedichtband entnommen: *Hilde Domin. Die Rückkehr der Schiffe.* Fischer-Verlag, 1962. Die Passage aus ihrem Text *Unter Akrobaten und Vögeln/Fast ein Lebenslauf* wurde aus dem Band zitiert: Hilde Domin. *Abel steh auf. Gedichte, Prosa, Theorie.* Reclam Stuttgart, 1979.

Die Textpassage über Istanbul wurde dem folgenden Buch entnommen: *Edmondo de Amicis. Istanbul, Hauptstadt der Welt. Mit einem Nachwort von Umberto Eco.* 2. Auflage. Corso Verlag 2014.

Die Songzeilen aus dem Lied „Vagabond" sind auf dem folgenden Album zu finden: *Steve Gunn. The Unseen in Between*, 2019.

Bei dem von Haris Alexiou und Yehuda Poliker gesungenem Lied handelt es sich um das Lied „*Ola se thimizoun (Alles erinnert dich)*", das sie häufig im Duett in Israel miteinander gesungen haben.

Viele der im Buch genannten Namen wurden anonymisiert wiedergegeben.

Das Bild auf Seite 158 zeigt eine Baumansicht auf dem Gelände des ehemaligen Gartens der Dichterin Gertrud Kolmar in Falkensee-Finkenkrug bei Berlin (Foto vom Autor).

Über den Autor

Gernot Wolfram

geboren 1975 in Zittau/Sachsen, lebt als Autor, Publizist und Kulturwissenschaftler in Berlin. Er studierte Neuere deutsche Literatur, Rhetorik und Kommunikationswissenschaften an der Eberhard-Karls-Universität Tübingen und der Freien Universität Berlin. Er wurde mit einer Arbeit über Paul Celan promoviert. Zahlreiche literarische Buchveröffentlichungen (u.a. Der Fremdländer 2003, DVA; Samuels Reise 2006, DVA; Das Wüstenhaus 2011, DVA) und wissenschaftliche Publikationen (Birg mich – Interkultureller Dialog bei Paul Celan und Chajim Nachman Bialik 2006, Reihe „Jüdische Studien", Peter Lang Verlag; Europäische Kulturarbeit 2012, transcript; Die Kunst für sich selbst zu sprechen 2019, BpB) sowie Essays und Artikel für *Die Welt, Frankfurter Allgemeine Zeitung, Süddeutsche Zeitung, taz, Berliner Zeitung* und *Jüdische Allgemeine.* Zahlreiche Auszeichnungen, darunter Walter-Serner-Preis und Sylter Inselschreiberpreis.

Er lehrt an verschiedenen Hochschulen Kulturwissenschaften und Kulturmanagement im In- und Ausland, unter anderem an der Macromedia University Berlin, der Universität Basel und der Europa-Universität Viadrina in Frankfurt/Oder.

Bei Hentrich & Hentrich ist von ihm erschienen: *Paul Celan. Der Dichter des Anderen,* ISBN 978-3-941450-07-3, Jüdische Miniaturen Bd. 90; *Paul Mühsam. Der Widerstand der Wörter,* ISBN 978-3-938485-37-8, Jüdische Miniaturen Bd. 55 und *Der leuchtende Augenblick. Über Menschen und Orte des Lesens,* ISBN 978-3-95565-025-4.